POR QUÉ Y CÓMO PREDICARLES EXPOSITIVAMENTE A LAS NUEVAS GENERACIONES

FERMÍN IV

Por qué y cómo predicarles expositivamente a las nuevas generaciones
Fermín IV

Publicado por especialidades625® © 2020
Dallas, Texas.

ISBN 978-1-946707-36-9

Todas las citas bíblicas son de la Nueva Biblia Viva (NBV) a menos que se indique lo contrario.

Editado por: Virginia Bonino de Altare
Diseño de portada e interior: Creatorstudio.net

CONTENIDO

*A mi pequeña, mi esposa. Gracias por ese día
que me llevaste frente al Señor en oración,
por quitar el techo y tener fe.*

PRÓLOGO

Jamás me hubiera imaginado lo que Dios tenía en mente cuando me entrevisté por primera vez con Fermin IV en aquel restaurante a finales de los '90. Me encontré con alguien dispuesto a responder al llamado radical de Jesucristo sin importar el costo. Imagínate: ¿quién al regreso de su luna miel vende todo lo que tiene, renuncia a su trabajo y cambia de domicilio dejando atrás su cuidad y amigos "solo" para ser entrenado en las Escrituras? Yo había leído acerca de un puñado de esos personajes en el Nuevo Testamento pero no había conocido uno de carne y hueso hasta que lo conocí a él.

Esos primeros años de su crecimiento espiritual se caracterizaron por una pasión avasallante por las almas, tal y como el disco de Boomerang que hicimos juntos lo atestigua. No olvido cuando con lágrimas en los ojos con Tere, su esposa, me expresaron: "Cuenten por favor con nosotros para cualquier cosa que necesiten, solo queremos servir".

Con solo un par de años en Cristo y haciendo del estudio de la Biblia su prioridad, se hizo cargo de la visita semanal a la cárcel juvenil en el estado de Morelos y convocó a otro grupo de muchachos a estudiar la Biblia en su casa, convirtiéndose en un discipulador y maestro nato. Luego comenzó un taller de composición que dirigía a 90 kilómetros de su casa en la Ciudad de México y empezó a realizar giras a todas las universidades anunciándoles el Evangelio literalmente a miles de jóvenes con su Rap. Su pasión por compartir las Escrituras fue creciendo exponencialmente. Tal fue su avance acelerado que no dudé en pedirle que fuera el maestro principal en la primera iglesia que habíamos plantado en la Ciudad de México un par de años atrás, y al tiempo se convirtió en el pastor principal de nuestra iglesia Semilla de Mostaza en la que había crecido y a la cual había servido: era el momento de tomar el timón de toda la organización para dirigirla a través de la enseñanza sistemática de la Palabra de Dios.

Es increíble que una persona con tan solo seis años de convertido y sin experiencia previa en el ministerio haya podido consolidar el instituto bíblico, graduando a generaciones enteras de pastores que ahora están haciendo la diferencia en otras ciudades dentro de la red de plantación de iglesias que él desarrolló y que dirige junto con su equipo. ¿La clave? Su amor por la Palabra y sus comprensión del proceso de discipulado, por eso estas páginas tienen tanto sentido.

Este libro es un llamado a los pastores, a los maestros, a los padres, a los discípulos de Jesucristo y a todos aquellos que son conscientes de que la invitación del Señor no es solo a creer sino a forjar seguidores de Jesucristo a través de la enseñanza sistemática de su Palabra; a no rehusar anunciar todo el consejo de Dios, a poner a la gente en contacto con el texto bíblico, a enseñar a cada persona a depender más y más de Dios y cada vez menos de ellas mismas; a enseñarles a desarrollar una relación "escritural" con el Dios de la Biblia. Estoy convencido de que eso traerá el tan anhelado avivamiento y la urgente transformación de nuestras vidas, de nuestras familias, de nuestras iglesias, de nuestras comunidades y de nuestras ciudades, un discípulo a la vez.

Héctor Hermosillo
Pastor, autor y plantador de Iglesias

UN CONSEJO, MI HISTORIA Y NEHEMÍAS

Por primera vez me habían invitado a otra ciudad a dar mi testimonio. Era justo una semana antes de mi boda, a principios del 2000. Mi papá me advirtió que no debía viajar a una semana de casarme. En realidad pensó que me podía pasar algo malo, pero no fue así, al contrario, me pasó lo mejor: me dieron el mejor consejo que podían darme en ese momento de mi vida.

Era un congreso de adolescentes y la persona que me invitó me dijo: "Quisiera que dieras tu testimonio, pero no te voy a anunciar, será una sorpresa".

Justo un año atrás, siendo parte de un grupo de rap llamado *Control Machete*, habíamos lanzado un segundo disco y había sido todo un éxito así que, claro, los asistentes de ese congreso jamás se podrían haber imaginado que un miembro de *Control Machete* aparecería y contaría lo que Dios había hecho en su vida en los últimos meses.

Pero fui yo el que no esperaba lo que iba a suceder.

Como iba de sorpresa, me hicieron entrar a la iglesia por una puerta trasera, intentando que pasara desapercibido. Me llevaron a una escalera y me dijeron: "Allá arriba hay un cuarto donde puedes estar". Un año atrás, ni siquiera había entrado a una iglesia cristiana, así que todo esto era nuevo para mí. Subí las escaleras y en el piso de arriba había muchas puertas y solo una tenía un letrero que evidentemente había sido puesto por los organizadores del congreso. El letrero decía: "Oradores".

Parecerá cómico, pero lo primero que vino a mi mente fue: "Debe ser un cuarto de oración". La palabra *oradores*, me sonaba a gente que oraba, así que abrí lentamente la puerta intentando no interrumpir nada y, si tuviera que hacerlo, unirme a la oración.

Al abrir la puerta, me encontré con algunos alimentos y algunas bebidas; un cuarto que parecía más bien un camerino. Al poco tiempo llegó Junior Zapata, un guatemalteco que era uno de los "oradores" del congreso.

Después de contarme que un par de años atrás había ido a verme en Guatemala cuando fui con *Control Machete*, me preguntó acerca de mi testimonio.

Él sabía que yo en esos días tenía éxito y fama a los ojos de muchos y noté que al escucharme, genuinamente se preocupó por mi futuro, así que me dio el mejor consejo que yo podría haber recibido en ese momento de mi vida.

Me dijo: "Tú necesitas que alguien te discipule, alguien que te haga crecer y madurar en tu relación con Dios".

Recuerdo que me mencionó a diferentes cantantes famosos que en algún momento manifestaron haber tenido un encuentro con Dios, pero que después regresaron a su vida de pecado.

Le preocupaba que, si en los siguientes meses me la pasaba dando mi testimonio por las iglesias, nunca llegaría a ser parte de una congregación, no maduraría como creyente y se terminaría apagando ese fuego que comenzó a arder cuando conocí al Señor.

Yo no tenía ni idea de qué significaba "discipular". Era otra palabra que todavía no entendía, así que claro que le pregunté qué significaba y él me dijo: "Significa que alguien te enseñe la Biblia de manera personal".

El llamado

Hoy entiendo que hacer discípulos es una prioridad para la Iglesia. Muchas veces nos enfocamos en los "convertidos" pero el llamado que hizo Jesús es a ir a hacer discípulos y ¿quién es un discípulo? Un discípulo es alguien que aprende y vive la enseñanza de su maestro; y por eso necesitamos vivir la Palabra, no solamente oírla.

Cuando conversé con mi futura esposa acerca de este consejo, me preguntó si conocía a alguien que pudiera discipularnos en Monterrey ya que, después de la boda, planeábamos vivir allí. Mi primera respuesta fue que no, pero luego nos acordamos del Pastor Héctor Hermosillo.

> UN DISCÍPULO ES ALGUIEN QUE APRENDE Y VIVE LA ENSEÑANZA DE SU MAESTRO, POR ESO NECESITAMOS VIVIR LA PALABRA

Los dos supimos que era él a quien teníamos que acudir. Los habíamos conocido a él y a su esposa Gaby un mes antes, y de hecho, fueron los últimos invitados a nuestra boda. Nos recibieron en su casa y nos quedamos enganchados. Nació una amistad inmediata, ¡nos sentíamos tan cómodos con ellos!

El desafío era que ellos vivían en Cuernavaca, a unos mil kilómetros de nuestro futuro lugar de residencia. De todos modos, no perdíamos nada con ir a visitarlo y preguntarle. Así que, inmediatamente después de regresar de la luna de miel, agarramos nuestro Chevy chiquito y al llegar a su casa, le pregunté: "¿Pastor Héctor, puedes darme clases sobre la Biblia?".

Noté su cara de confusión y solo me contestó: "Bueno, no tengo un salón de clases para darte "clases" pero tengo un buen café, compramos pan de dulce y, si te traes tu Biblia, la estudiamos juntos".

Claro, el escucharle, mi mente pensó rápidamente en que íbamos a vivir a más de mil kilómetros de distancia, ¿cómo podría hacer eso? Y como si él hubiera leído mi mente nos dijo: "¿Por qué no se vienen a vivir a Cuernavaca?".

Era una locura, todo estaba listo para llegar a Monterrey a vivir, teníamos todos los muebles aún sin desempacar, pero algo nos movió y dije: "¡Va!". En ese instante nos levantamos de la mesa y fuimos a buscar una casa para vivir.

Nunca me imaginé que saldría de Monterrey para vivir en otra ciudad. Como buen "regio" (así se les dice a los nacidos en Monterrey) siempre pensé que moriría allí y sería enterrado entre las montañas, pero la expectativa de poder comprender mejor lo que revelaba la Palabra de Dios nos hizo pasar todo ese día visitando casas que estaban en renta aunque no pudimos encontrar ninguna que se ajustara a nuestro presupuesto.

Al siguiente día, detuvimos el coche en un callejón y comenzamos a orar pidiéndole a Dios que abriera las puertas para encontrar una casa donde vivir. No entendía muchas cosas, pero sabía que esto sería bueno para mi nuevo caminar. Y ahora, casado, sería bueno para mi matrimonio.

Dios de nuevos comienzos

Había llegado a Dios a través de mi esposa, quien tuvo el valor de invitarme a su iglesia cuando le hice las clásicas preguntas controversiales acerca del cristianismo. Intentando pasar como muy "espiritual" le cuestioné acerca de doctrina y lo único que hizo (y creo que fue lo mejor que pudo hacer), fue poner una Biblia en mis manos. Yo la abrí, no con humildad sino más bien con soberbia, creyendo que sabía qué era lo que contenía. Sin embargo, me sorprendí al no encontrar aquello que me habían enseñado y encontrar aquello que nunca había imaginado.

Un versículo se clavó en mi corazón. Romanos 5:8, que dice: *"Dios, no obstante, nos demostró su amor al enviar a Cristo a morir por nosotros, aun cuando éramos pecadores"*.

Nunca había considerado que Dios me amaba aun en la condición en la que estaba, en pecado. Siempre pensé, y creo que es lo que me enseñaron durante toda mi niñez, que si me portaba bien, Dios me amaba, pero si me portaba mal, solo podía esperar el castigo. Por eso este versículo encontró un lugar en mi corazón. Eso era yo, un pecador, y Dios me amaba y me lo demostró cuando me encontraba en esa condición.

> **NUNCA HABÍA CONSIDERADO QUE DIOS ME AMABA AUN EN LA CONDICIÓN EN LA QUE ESTABA**

Rendí mi vida a Cristo unos meses después tomado de la mano de la que sería mi esposa. Vi el poder de la oración cuando ella oró por mí para que Dios me rescatara de mi adicción a las drogas. Conocí que Dios era de verdad poderoso. Ahora, que comenzábamos nuestra vida juntos, tomar una decisión así no era tan complicado. Si aprender la Biblia, que sabía que me ayudaría en mi vida y matrimonio, implicaba cambiar de residencia, lo haría sin pensarlo. Así que oramos y ese callejón se convirtió en nuestro altar a donde le pedimos a Dios que confirmara si esto era su voluntad.

Habíamos conversado no más de cuatro veces con Héctor y Gaby, y ahora estábamos considerando tomar una decisión tan radical como un cambio de residencia porque sospechábamos que la Biblia literalmente nos provocaría un cambio de vida.

Salimos de ese callejón después de hacer una llamada para visitar una casa anunciada en el periódico. Cuando la vimos supimos que era la indicada: las condiciones eran perfectas y, sobre todo, el presupuesto nos alcanzaba.

Estábamos felices, sentíamos que este era otro nuevo comienzo, de esos que luego al estudiar la Biblia aprendí que son la especialidad de Dios. En realidad, no sabíamos lo que Dios tenía planeado para nosotros, pero era un primer paso gracias a ese consejo preciso que recibí en aquel congreso de adolescentes.

La primera clase

Ya instalados, estábamos listos para ir a nuestra primera "clase". Héctor nos pidió que lleváramos una Biblia, una libreta y colores. No sabía para qué podría utilizar los colores. Al llegar, encontramos una mesa con pan de dulce en el centro, una jarra de café y tazas, pero nos llamó la atención que había un cuchillo justo a un lado de la charola de pan. Cuando comenzamos nos dimos cuenta: a Héctor le gustaba probar cada pan, para lo que el cuchillo era esencial. Era una manera moderna de partir el pan y se convertiría en una ilustración de lo que sucedería en esa mesa durante los siguientes dos años. Cortar la Palabra, buscar lo que significaba el texto que teníamos adelante de nosotros, identificar el tema y siempre buscar una aplicación para nuestras vidas. Claro, el pan no solo lo partíamos. Lo más importante es que lo comíamos, y así sucedía también con la Palabra porque no se trata solo de estudiarla y entenderla, sino de asimilarla y vivirla.

El primer pasaje que estudiamos fue el Salmo 19 y recuerdo la locura que nos pareció la primera tarea que nos dejó Héctor: ¡memorizar el Salmo 19 completo!

¿Cómo íbamos a memorizar el Salmo 19 completo? ¡Nos pareció una tarea imposible!

Pero Héctor solo me dijo: "¡Eres rapero! ¡Te sabes todas tus canciones!" y las excusas comenzaron a disiparse.

Llegó mi turno

Debo confesar que la primera vez que enseñé la Palabra de Dios en una reunión de domingo fue sorpresivo. La iglesia Semilla de Mostaza funcionaba en un salón de eventos. Héctor llevaba cerca de seis años pastoreando esta iglesia muy *sui generis* para ese tiempo.

Era el 2004 y estábamos realizando un estudio sobre el libro de Romanos avanzando por la carta capítulo por capítulo. Héctor explicaba el texto y esa mañana lo acompañamos a una reunión en otro lugar y enseñó los primeros dos versículos del capítulo 12 y, por alguna razón, cuando terminó se acercó y me dijo al oído: "Por la tarde enseñas tú".

> AL PREDICAR DEBEMOS BUSCAR LA APROBACIÓN DE DIOS, NO LA DE LOS HOMBRES

Yo le conteste: "¿Qué?". Mi pregunta hacía referencia a qué cosa era lo que iba a enseñar.

Él me dijo: "Esto, Romanos 12:1-2".

Yo le conteste de la manera que he respondido a muchas situaciones desde que tengo una relación con Dios. Le dije: "Va" ¿Será ese mi lenguaje de fe?

Era mi pastor el que me pedía que lo hiciera, y él llevaba más de tres años enseñándome la Biblia. En los meses previos habíamos visitado todos los centros penitenciarios del estado de Morelos llevando el Evangelio y muchas veces cuando estábamos en algún concierto evangelístico me había pedido que diera mi testimonio. Él nunca jugaba solo, siempre repartía el balón, así que yo ya sabía que no era el tipo de pastor protagonista. Así que cada vez que me empujaba, o me preguntaba, mi respuesta era: "Va", así que en esta ocasión, aunque fuera para enseñar, no me iba a rehusar.

Llegamos a mi casa para comer algo y hacer tiempo mientras llagaba la reunión de la tarde, y mientras los demás estaban en el comedor, me encerré en una de las habitaciones con mi Biblia, las notas de mi pastor y un comentario que me recomendó.

Fueron varias horas las que estuve ahí, nervioso, preguntándome "¿Por qué dijiste que sí? ¿Cómo se te ocurre?". En verdad nunca imaginé que Dios me podría llamar para enseñar su Palabra.

Héctor nos había enseñado la Palabra ya por mucho tiempo y de hecho, algunos meses antes de ese domingo, me había invitado junto a otros hombres a un discipulado donde nos entrenó no solo para estudiar la Biblia, sino también para enseñarla. En ese grupo dedicó semanas a enseñarnos acerca de la predicación expositiva, cómo encontrar el tema de cierta porción bíblica, cómo hacer un bosquejo que incluyera introducción y conclusión, y cómo entregar ese mensaje pero a mí no me había terminado de caer la idea de que esto significaba que pronto me llegaría el turno. Hoy me doy cuenta de que, aunque fue sorpresivo, no fue improvisado.

El lugar donde nos reuníamos estaba al lado de la Plaza de Toros México que es la plaza de toros más grande de Latinoamérica, y cuando era temporada de corridas, cerraban las calles aledañas al lugar que rentábamos. Los policías hacían una valla y solo dejaban pasar al tránsito local. Tenías que demostrar que vivías en esas calles para que te dejaran entrar.

Nosotros no vivíamos ahí, solo rentábamos el lugar unas cuantas horas, ¡aunque en esa época muchos queríamos quedarnos a vivir ahí!

Dios usó ese lugar para que muchos nos enamoráramos mucho más de Él. En ese lugar conocí a varias familias muy valiosas que hasta hoy están junto a mí en el ministerio. En ese lugar mi pastor me dio la oportunidad y el honor de abrir la Escritura y por primera vez enseñar la Palabra.

No éramos muchos, pero domingo a domingo llegábamos en nuestro vehículo hasta donde se situaban los policías de tránsito y nos hacían la misma pregunta: "¿Adónde van? ¿Viven por aquí?".

Y nuestra respuesta era la misma siempre: "Vamos a la iglesia, en el salón, aquí adelante". Durante las épocas de temporada de Toros era tan repetitiva esta escena que llegó un momento en que los policías, al enterarse que íbamos a la iglesia, nos decían: "Enséñeme su Biblia".

¡La Biblia se convirtió en nuestra identificación para llegar ser conocidos como de la iglesia!

Hoy en día, enseñar la Biblia es una de mis pasiones, aunque de ninguna manera me siento completamente capacitado. Cada vez que Dios me da la oportunidad de enseñar en la iglesia, me siento inseguro, lleno de temor, aunque sea algo que hago continuamente.

Uno de los primeros libros que estudiamos fue la segunda carta a Timoteo, donde dice:

"Haz todo lo que sea posible para presentarte ante Dios aprobado, como un obrero que no tiene de qué avergonzarse porque interpreta correctamente la palabra de Dios".
2 Timoteo 2:15

¿Cómo poder decir que uno está listo para enseñar la Palabra? Cuando te das cuenta de que es Dios ante quien tienes que presentarte y que lo que debemos buscar es su aprobación, no la aprobación de los hombres, quieres hacerlo con fidelidad.

Es una labor vital la que hace un maestro de la Escritura; un obrero es una persona que trabaja, y la única manera en la que podemos hacerlo con fidelidad es trabajando duro en interpretar correctamente lo que Él enseña.

En nuestra iglesia tenemos una carga por enseñar correctamente, bíblicamente, y en ocasiones Dios nos ha abierto las puertas para servir a ministros de otras iglesias compartiendo lo que Dios nos ha permitido aprender con humildad y por eso, con mucho temor te escribo estas páginas.

Predica la palabra

Hace algunos años comenzamos a organizar conferencias que llamamos "Predica la Palabra" en diferentes ciudades, porque vimos la necesidad que tiene la iglesia de regresar a la Palabra de Dios.

La porción bíblica que hemos utilizado para estas conferencias es *Nehemías 8* ya que allí tenemos una historia que nos lleva de la mano para comprender mejor lo que Dios espera de nosotros como maestros de la Palabra.

El capítulo 8 de Nehemías marca un cambio en este libro; allí hay un antes y un después en la situación del pueblo de Dios.

A causa de su pecado, Israel había sido conquistado por Babilonia y Dios permitió al rey Nabucodonosor no solo a tomar la ciudad de Jerusalén sino llevar cautivos a sus habitantes.

Luego de setenta años, Babilonia se había convertido en su hogar y este fue un duro tiempo de prueba para ellos.

Babilonia era una sociedad pagana, llena de ídolos, lejos de la voluntad de Dios y en el libro de Daniel podemos encontrar referencias para conocer el tipo de sociedad que era.

Uno de los hombres que vivía dentro de esta sociedad era Nehemías. Él no solo era judío sino que también era el copero del rey de Persia.

Babilonia había sido conquistada por el reino Persa y se acercaba la posibilidad de un regreso a Israel.

Interesado por conocer la situación de Jerusalén, Nehemías descubre que está en ruinas, con sus muros medio derribados y sus puertas quemadas. Esta noticia lo entristece profundamente y lo lleva a ayunar y a orar por días. Su oración en el capítulo 1 de este libro revela que conocía las profecías y las promesas de Dios y que también sabía que la situación era consecuencia de un pueblo desobediente y rebelde.

Cuatro meses más tarde, al describir su tristeza ante el rey, Nehemías le pide que lo envíe a Jerusalén para reconstruirla y Dios hace que encuentre gracia frente a él. El rey persa le permite ir, y no solo le da todo lo necesario para el viaje, sino que le provee madera para la reconstrucción de los muros y las puertas, e incluso para su casa.

¿Por qué era importante para Nehemías la ciudad de Jerusalén? ¿Qué le motivó a realizar tan atrevida petición a su rey? Su motivación era el deseo de ver la gloria de Dios en su tierra y a su pueblo libre.

ANTES DE COMENZAR UNA OBRA ES NECESARIO TENER EL DESEO DE REALIZARLA

La benigna ayuda del Señor se observa incluso cuando Nehemías habla con el pueblo después de inspeccionar cada zona de la muralla. Dios lo usa para darles ánimo, y cuando él les llama a levantarse y reconstruir, la respuesta es positiva. Es increíble que algo que no se había realizado durante décadas, estuviera comenzando ahora a ser realidad.

Antes de comenzar una obra, es necesario tener el deseo de realizarla. Por décadas el pueblo no había ni siquiera tenido el deseo de reconstruir Jerusalén, pero cuando Nehemías los anima, ellos comienzan la reconstrucción. A la par de ellos, también se levantan algunos opositores, ¿No es siempre lo que sucede cuando intentamos edificar lo que Dios quiere?

Pero lo que no había sucedido en más de setenta años se llevó a cabo en cincuenta y dos días a pesar de la oposición, de las amenazas y de los ataques constantes.

Nehemías estuvo dispuesto, buscó a Dios y, movido por la necesidad de un pueblo y por darle la gloria a su Dios, se levantó de su comodidad e hizo algo. ¡Cuánto necesitamos de hombres como Nehemías en nuestros tiempos! Hombres que motivados por la gloria de Dios y por el dolor de su comunidad se levanten acompañados de la benigna ayuda del Señor.

Imagínate que has estado cautivo por muchos años, secuestrado, sin libertad para moverte, desarrollarte, para estar en comunidad, sin oportunidades para tus hijos, lleno de temor de lo que pueda suceder, siendo oprimido por diversos enemigos, y que de un día para el otro tienes libertad. ¿Qué harías? ¿Cuál sería tu primer paso?

Todo el pueblo, reunido, pidió escuchar la Palabra de Dios. ¿Por qué? Porque el pueblo de Dios tarde o temprano reconoce que en la Palabra de Dios se cobija su libertad.

Qué bello es dejarlo a Dios revelarnos su libertad. Inicialmente los enemigos no comprendían el efecto de la ayuda del Dios de Israel pero luego vieron su resultado. Nehemías, en medio de la ardua labor de reconstrucción, les recordaba que el Señor era grande y poderoso y mientras trabajaron pudieron ser testigos de cómo Dios desbarató los planes del enemigo para detener la obra.

Créeme: cuando tu vida cambia de un día para el otro, cuando vences vicios que por años te han mantenido cautivo y oprimido, cuando el pecado te ha arrastrado y pisoteado la cara para que no pudieras levantarte, y de pronto puedes estar de pie, definitivamente es Dios.

No puedo dejar de decir en este momento que nuestro salvador es Jesús. Qué bello es saber que Dios nos ama tanto que ha vencido el pecado por nosotros a través de su muerte. Jesús destruyó el poder del pecado y nos libró de su condena. Nos ha dado una nueva vida y libertad y ese es justamente el mensaje que compartimos y por eso predicamos Su Palabra.

Cuando Dios me libró de la esclavitud de las drogas, nació en mí un profundo deseo de conocerle y compartir esa libertad y por eso quiero que en los próximos capítulos cortemos el pan de Nehemías 8 para que juntos podamos descubrir cómo ser cada vez más fieles en digerir su palabra y compartirla para que otros la puedan saborear como un pan de dulce también.

Trae tu Biblia porque te va a servir de identificación, ¿vamos?

01
LA PREPARACIÓN

*"... y se juntó todo el pueblo como un solo hombre en la plaza que está delante de la puerta de las Aguas, y dijeron a Esdras **el escriba** que trajese el libro de la ley de Moisés, la cual Jehová había dado a Israel".*
Nehemías 8:1 - RVR60

Fue un día que nos habíamos reunido a desayunar con el pastor Jaime Foote y su esposa Christa. Tanto ellos como mi esposa y yo nos habíamos embarcado en una aventura que no sabíamos cómo había comenzado y que ni aun hoy nos imaginamos cómo va a terminar. Estábamos a cargo de la iglesia (de manos de Héctor, nuestro pastor), nosotros en la Ciudad de México y ellos en la ciudad de Cuernavaca.

Nosotros nos sentíamos pequeños. No solo teníamos poco tiempo en el ministerio sino que teníamos poco tiempo en la iglesia, y estábamos enfrentando el desafío más grande hasta ese momento en nuestra vida: pastorear una iglesia de cerca de ochocientas personas.

Jaime y su esposa tenían más experiencia porque habían estado pastoreando en Tehuacán, Puebla, durante más de veinte años, así que regularmente los buscábamos para recibir consejo. Debo decir que los primeros años de ministerio fueron complicados, porque no nos sentíamos preparados para hacerlo. Nuestra preparación había sido de manera personal con nuestros pastores, no habíamos ido a un seminario o instituto bíblico.

La primera boda cristiana a la que asistimos fue la nuestra y la segunda la estaba oficiando yo. Recuerdo la primera ocasión en que me llamaron por la muerte de un familiar de un congregante. El cementerio quedaba muy lejos, y cada kilómetro que avanzaba hacia mi destino me preguntaba qué iba decirles. Héctor no me había enseñado qué hacer en esos casos, solo me había ensañado a estudiar la Biblia. Así que allá iba con mi Biblia, con miedo, pero cerca de Él para consolar a esta familia.

Uno de esos desayunos se dio justo después de enterarnos de la caída en el pecado de adulterio de un pastor en Estados Unidos, un pastor muy conocido. Había salido la noticia en periódicos a través de internet. La iglesia estaba muy afectada, no solo la que pastoreaba este hombre, su iglesia local, sino también la Iglesia en general.

Nosotros personalmente estábamos espantados por la noticia. Habíamos comenzado a pastorear pocos meses atrás y saber que un pastor podía caer en pecado, y de esta manera, era nuevo e impensado para nosotros, así que lo comentamos.

"¿Escucharon acerca del pastor que cayó en pecado?", dijo mi esposa.

Y recuerdo que fue Christa quien comentó: "El problema está en su relación con Dios. Muchos pastores solo abren la Palabra para estudiar y enseñar, pero no creen que Dios quiere hablarles a ellos también".

Me quedé sorprendido. No es que no supiera que mi relación con Dios es personal, no es que ignorara la importancia de leer y estudiar la Palabra. Pero yo, al igual que muchos pastores, caemos en el error de poner nuestros ojos en la Biblia e inmediatamente después ponerla en los demás. Estudiamos un pasaje, pero lo hacemos específicamente para enseñarlo. Es tan natural que hasta te viene a la mente el hermano que está en pecado, y solo piensas: "Ya quiero que sea domingo para que escuche lo que tengo que decir, espero que esta vez sí ponga atención y se arrepienta".

Casi tomo una libreta y escribo con letras mayúsculas lo que acababa de escuchar: *"Nunca dejar de leer para mí mismo la Palabra de Dios; Él tiene algo que decirme a mí"*.

Martyn Lloyd Jones en su libro *La predicación y los Predicadores* dice: *"No leas la Biblia para encontrar textos para sermones; léela porque es el alimento que Dios ha provisto para tu alma debido a que es la Palabra de Dios, porque es el medio por el que puedes conocer a Dios"*. [1]

Qué importante es que como pastores y maestros nos alimentemos de su Palabra, necesitamos conocer a Dios íntimamente a través de su Palabra.

> **MUCHOS PASTORES SOLO ABREN LA PALABRA PARA ESTUDIAR Y ENSEÑAR, PERO NO CREEN QUE DIOS QUIERE HABLARLES A ELLOS TAMBIÉN**

ESTUDIAR

Cuando el pueblo se reunió como un solo hombre en la plaza frente a la puerta de las Aguas, llamaron a Esdras para que les enseñara la Palabra.

El texto dice que Esdras era el *escriba*. Esto quiere decir que era una persona que conocía la ley de Moisés. En el libro que lleva su nombre, Esdras aparece en el capítulo 7, donde no solo es descrito como escriba sino que se nos dice cómo vivía en relación con la Palabra de Dios.

Esdras es un gran ejemplo para aquellos a los cuales se nos ha confiado la enseñanza de la Palabra de Dios a su Iglesia.

---

1   Lloyd-Jones, Martyn. *La predicación y los predicadores*. Editorial Peregrino, 2010. Pág. 194

En Esdras 7 se nos dice que Esdras era de Babilonia. Él nació durante el tiempo en que el Pueblo de Dios vivió cautivo en Babilonia, pero era del linaje de Aarón, el primer sacerdote. Estando en un lugar lejos de su tierra, los sacerdotes no tenían templo donde ministrar, pero Esdras nos sorprende al mostrarse como un maestro muy versado en la ley de Moisés. Incluso Artajerjes, el rey de Persia, lo menciona en una carta como maestro de las leyes del Dios del cielo. Lo consideraba un erudito de la ley.

En Esdras 7:10 nos damos cuenta de la profundidad de la decisión que él había tomado como maestro:

"Porque Esdras había preparado su corazón para inquirir la ley de Jehová y para cumplirla, y para enseñar en Israel sus estatutos y decretos". RVR60

No dice que había preparado su mente, o su intelecto, él preparó su corazón, en lo más profundo de su ser.

Creo que la preparación de aquel que enseña la Palabra debe comenzar en el corazón, en el centro de la voluntad, en rendir la voluntad a la verdad de su Palabra. El maestro debe estar gobernado por la verdad, no puede enseñar una verdad a la que él mismo no esté sujeto.

No puede ser un estudiante meramente intelectual, porque la tarea de enseñar la Palabra no es meramente intelectual.

Ese hombre que caminaba hacia la plaza de las Aguas, que abría el libro de la ley, era un hombre preparado. La palabra "inquirir" significa estudiar, indagar, buscar. Esto requiere de tiempo y esfuerzo. Recuerda que Esdras era de Babilonia, no la tenía fácil, pero él se había propuesto estudiar.

Como maestros debemos conocer íntimamente a Dios, buscar y estudiar de tal manera que nosotros mismos estemos primero expuestos a esas verdades que más adelante vamos a enseñar.

PONER EN PRÁCTICA

Esdras no solo era un estudiante sino que era un discípulo que vivía lo que estudiaba.

Hay una gran diferencia entre un estudiante y un discípulo. El estudiante escucha la lección, la toma en cuenta, probablemente hasta la aprenda y la recuerde, pero un discípulo es aquel que toma la enseñanza y decide vivir lo aprendido. En el tiempo de Jesús los discípulos dejaban todo para seguir a su maestro, convertían la enseñanza que recibían en su modo de vida.

La epístola de Santiago dice:

"Pongan en práctica la palabra y no se limiten a sólo escucharla pues de otra manera se engañan ustedes mismos. El que escucha la palabra pero no la pone en práctica es como el que mira su cara en un espejo y, en cuanto se va, se olvida de cómo era. Pero el que pone su atención en la ley perfecta que da libertad, y sigue en ella sin olvidar lo que ha oído y hace lo que ella dice, será dichoso en lo que hace". Santiago 1:22-25

> DEBEMOS ESTUDIAR DE TAL MANERA QUE NOSOTROS MISMOS ESTEMOS PRIMERO EXPUESTOS A ESAS VERDADES QUE VAMOS A ENSEÑAR

Qué importante es lo que Santiago nos presenta: la Palabra no es solo para escucharla. Limitarnos de esta manera nos perjudica a nosotros y a nuestro ministerio. Si no la ponemos en práctica nos engañamos a nosotros mismos, y si el engaño proviene de nosotros mismos, qué difícil será salir de él. Engañar significa hacer creer a alguien algo que no es verdad. Cuando solo me limito a escuchar, sin poner en práctica la Palabra, me estoy haciendo creer a mí mismo algo que no es verdad, me estoy haciendo creer que estoy bien cuando en realidad no lo estoy. Puedo estar corriendo el riesgo de caer sin darme cuenta. Puede que mi vida esté a punto de ser golpeada por una tormenta y que yo no entienda que estoy muy cerca de la ruina.

La ilustración que presenta es tan común como el día a día. Santiago compara la persona que escucha la Palabra pero no la pone en práctica con un hombre que se mira en un espejo pero que pronto se olvida de lo que vio en él. Por consecuencia, aquello que vio que necesitaba cambiar o limpiar se le olvida y al final no hace nada. ¿Será posible ver algo todos los días y después no tomarlo en cuenta?

Limitarme a solo escuchar la Palabra me convierte en un oyente. Este término, *oyente,* me recuerda a un salón de clases, a la universidad; pienso en aquel alumno que no se inscribe en el curso con todas las responsabilidades que esto conlleva, sino que se acerca al profesor y le pregunta: "¿Podría entrar de oyente a su clase?". Y es que un oyente nunca se prepara para un examen, nunca es evaluado. Puede abandonar el curso cuando lo desee, de hecho puede asistir o no asistir, no pasa nada. Dios quiere que seamos hacedores, practicantes de su Palabra. Y no es que Dios nos vaya a evaluar en algún momento, aunque en ocasiones Él prueba nuestra fe.

Qué peligroso es utilizar la Palabra como ese espejo donde otros puedan ver la necesidad que tienen de Cristo pero nunca darlo vuelta hacia mí para ver mi propia necesidad. Tenemos una gran necesidad y Dios nos dio su Palabra para poder verla.

Esdras es un gran ejemplo para nosotros porque él fue a lo profundo, al corazón. En el hebreo original se usa la palabra *"lebab"*, que se utiliza para hacer referencia al centro de algo, de la voluntad, del corazón, del órgano más interno. Todo creyente necesita profundizar de esta manera, preparar su corazón para inquirir en la Palabra, para obedecerla y cumplirla. ¡Cuánto más aquellos a los que se nos ha dado la tarea de enseñarla!

Cuando Jesús terminó su sermón más extenso en la ladera de un monte junto al mar de Galilea, le hizo una advertencia a los que escuchaban su mensaje:

"Todo el que presta atención a mis enseñanzas y las pone en práctica es tan sabio como el hombre que edificó su casa sobre una roca bien firme. Cuando llegaron las lluvias, las inundaciones y los huracanes, la casa no se derrumbó porque estaba edificada sobre roca. Pero el que oye mis enseñanzas y no las pone en práctica, es como el tonto que edificó su casa sobre la arena. Cuando llegaron las lluvias, las inundaciones y los fuertes vientos, la casa se derrumbó y su ruina fue irreparable". (Mateo 7:24-27)

Poner o no poner en práctica, esto es lo que hace la diferencia entre un sabio y un tonto.

En ambas situaciones se enfrentan las dificultades porque en nuestra vida siempre tendremos problemas. Jesús no pone en duda esto sino que dice que *cuando* llegan las lluvias, las inundaciones y los huracanes es cuando se pone a prueba la vida que estamos edificando.

EDIFICAR SOBRE LA ROCA ES PROFUNDIZAR EN LA PALABRA HASTA LLEGAR A LA ROCA FIRME

Antes pensaba que cuando Jesús habló sobre edificar sobre la roca o sobre la arena se refería a solo una elección de lugar, pero después me di cuenta de que el que edifica sobre la roca es aquel que profundiza, que saca la pala y comienza a cavar, a sacar arena y avanza hasta que descubre la roca firme.

Seamos sabios, no giremos rápidamente el espejo para que otros se miren en él, tomemos tiempo para mirarnos, para profundizar y para responder en obediencia.

¿Qué pasa si encuentro que he fallado, que hay pecado en mi vida? ¿Podría un maestro de la Palabra encontrar esto en su propia vida? Claro que sí. De hecho, no solo creo que lo puede encontrar, es necesario que lo encuentre. El que hayamos recibido la tarea de enseñar su Palabra no nos libra de vivir en el error, de fallar o de pecar en contra de nuestro Señor.

Es importante recordar que antes de ser ministros somos hijos, hermanos, quizás esposos y padres. Mi esposa necesita un esposo mejor que está siendo transformado. Mis hijas necesitan un papá mejor. Mis amigos necesitan un mejor amigo y, por qué no, mis ovejas necesitan un mejor pastor, dispuesto a reconocer su necesidad, y que está siendo transformado, porque nadie puede decir: "Yo soy maestro porque ya no necesito cambiar nada, soy perfecto".

En la epístola de Santiago, antes de los versículos que ya citamos, se hace referencia a la misma Palabra de Dios, mira:

"Él quiso darnos vida por medio de la palabra de verdad, para que fuéramos los primeros frutos de su creación". Santiago 1:18

Su Palabra fue lo que nos dio vida, sin duda tiene poder en nuestra vida.

"Por eso, despójense de toda suciedad y de la maldad que tanto abunda. De esa manera podrán recibir con humildad la palabra sembrada en ustedes. Esta palabra tiene poder para salvarles la vida". Santiago 1:21

Es necesario que recibamos con humildad su Palabra, porque tiene poder para salvarnos.

Qué hermoso es que Santiago nos diga primero cómo la Palabra tiene el poder para darnos vida y para salvarnos, antes de decirnos que es como un espejo donde nos podemos ver. Porque si te muestra algo en lo que necesitas ayuda, es la misma Palabra la que puede hacer algo por ti.

Jesús oró a su Padre: *"Santifícalos en tu palabra que es la verdad"*. Juan 17:17

El mismo Jesús vivía lo que enseñaba. Cuando Lucas hace referencia a su evangelio en el primer versículo del libro de los Hechos, dice:

"Distinguido Teófilo: En mi primera carta te hablé de todo lo que Jesús empezó a hacer y enseñar". Hechos 1:1

Jesús no separaba su enseñanza de lo que hacía, ¿por qué habríamos de hacerlo nosotros?

NO PODEMOS ENSEÑAR ALGO QUE NOSOTROS MISMOS NO VIVIMOS. HABLEMOS DE LA GRACIA DE DIOS, PERO EXPERIMENTEMOS SU GRACIA CONSTANTEMENTE

Si hemos de seguir algún ejemplo, que sea el de Jesús: vivamos lo que enseñamos. No podemos enseñar algo que nosotros mismos no vivimos. Hablemos de la gracia de Dios, pero experimentemos su gracia constantemente. Enseñemos acerca de la misericordia de Dios, pero recibamos su misericordia nueva cada mañana. Prediquemos acerca del poder de su Palabra, pero vivamos ese poder en nuestra vida.

Es importante el orden en que lo escribió Lucas: *"... lo que Jesús empezó a hacer y enseñar"*. Que en nuestra vida se encuentren en este mismo orden. Santiago nos dice que el hombre que pone su atención en la ley y sigue en ella sin olvidar lo que ha oído y hace lo que ella dice, ese hombre será dichoso. Sin duda hay bendición en hacer antes de enseñar.

Warren Wierbe escribió en su libro *Be Heroic (Sé heroico)*: *"Si nuestro conocimiento de la verdad no da como resultado la obediencia, entonces terminaremos con una cabeza enorme en lugar de un corazón ardiente"*. [2]

---

2 Wiersbe, Warren W. *Be heroic*, David Cook. 1997. Pág. 46

Nuestras iglesias no necesitan pastores con cabezas enormes sino pastores con corazones ardiendo por el Señor, para el Señor.

Créeme que Dios usará las luchas, los fracasos y las victorias que has vivido tomado de su mano, porque la gente escuchará no solo a un maestro sino que también verá un testigo de la gracia y del poder de Dios.

ENSEÑAR

Ironside escribió en *Notes on the Books of Ezra, Nehemiah and Esther* (*Notas sobre los libros de Esdras, Nehemías y Ester*): *"Él estaba personalmente bien con Dios y, por lo tanto, preparado para ayudar a otros a estar bien con Él".* [3]

Ahora Esdras está listo para enseñar los estatutos y decretos de la ley de Moisés. Dedicaremos un capítulo entero a este tema, pero por lo pronto veamos lo que el rey Artajerjes pensaba acerca de la capacidad que tenía Esdras para esta tarea, en Esdras 7:11

"El rey Artajerjes entregó esta carta al sacerdote Esdras, que era un maestro muy entendido en los mandamientos que el Señor les dio a los israelitas".

Necesitamos hacer nuestra tarea por haber sido llamados a enseñar la Palabra, necesitamos aprender a estudiar, practicar lo que aprendemos, pero también necesitamos aprender y practicar el cómo enseñamos la Palabra de Dios.

Me pregunto quién habrá sido el que le enseñó a Esdras. ¿Habrá sido una búsqueda personal? ¿Habrá sido algo de familia?

---

3   Ironside, Harry A. *Notes on the Books of Ezra, Nehemiah and Esther.* Createspace Independent Pub., 2014. Pág. 45

UN ASUNTO DE FAMILIA

Esdras era parte de una familia que años atrás había estado involucrada en un gran avivamiento. Esdras 7:1 nos dice que él tenía un bisabuelo que se llamaba Jilquías; el nombre de este sumo sacerdote aparece en el capítulo 22 del segundo libro de los Reyes. Es Jilquías quien encuentra en el templo un rollo que contenía la ley del Señor (2 Reyes 22:8) y se lo entrega a Safán el secretario del rey, quien le lee el rollo al rey y comienza un avivamiento que transformaría al pueblo de Judá.

LA MEJOR PREPARACIÓN DE UN SERMÓN ES LA PREPARACIÓN DEL CORAZÓN DE QUIEN DA EL SERMÓN

El rey Josías prometió delante del pueblo que iba a obedecer con todo su corazón y con toda su alma el pacto del Señor. No solo destruyó los ídolos que se adoraban fuera y dentro del templo sino que también se aseguró de exterminar el culto a estos dioses y ordenó celebrar la Pascua del Señor. Así obedeció lo que había leído en el libro de la ley. Celebrar la Pascua era celebrar la manifestación de la gracia y el poder de Dios cuando fueron rescatados de la esclavitud en Egipto, algo que no se había celebrado, por más de cuatrocientos años, desde el tiempo de los jueces, antes de todos los reyes de Israel y Judá.

La Palabra puede transformar personas, reyes y pueblos enteros. Puede renovar y hacer que un pueblo pueda volver a celebrar la gracia de Dios. Sin duda es importante estar preparados para enseñarla.

El bisabuelo de Esdras fue parte de todo esto y sin duda Esdras fue su digno descendiente. Nosotros somos parte de la familia de Dios. Aquellos hombres que usados por Dios en la enseñanza de su Palabra fueron parte fundamental de grandes avivamientos, son nuestros hermanos. ¿Podríamos ver en nuestro tiempo un avivamiento como el que presenciaron el sumo sacerdote Jilquías, o siglos después su bisnieto Esdras?

Creo con todo mi corazón que sí, y quiero animarte a no ignorar la preparación como parte de tu tarea de enseñar la Palabra.

E.M. Bounds en su libro *El Predicador y la oración*, dedica un capítulo a reflexionar en esto: la mejor preparación de un sermón es la preparación del corazón de quien da el sermón.

Cuando Dios transformó mi vida, durante los primeros tiempos convivimos mucho con nuestro pastor Héctor y su esposa Gaby... y la multitud de hijos que tienen: ¡cinco! Y mientras convivíamos veíamos cómo vivían, y yo particularmente lo observaba a Héctor. Luego en la iglesia escuchaba su enseñanza y comprobaba que vivía lo que enseñaba.

Ese ejemplo que vi en él tuvo mucho impacto en mis primeros pasos con el Señor porque me di cuenta de que el cristianismo era "vivible", que se podía vivir. Que no era una filosofía que se quedaba en un estante, como un libro dentro de una biblioteca, sino que el libro estaba siendo vivido por quien me lo enseñaba.

Créeme, un ejemplo así impacta la vida de los que lo ven. Y si ocurre lo contrario también tiene el mismo impacto: no vivir lo que enseñas, hace ver que lo que enseñas no sirve.

¡Mi esposa y yo agradecemos tanto el ejemplo que nuestros pastores nos dieron en los primeros años! Y aún ahora, después de veinte años, seguimos siendo instruidos por su ejemplo.

Esdras será no solo un gran ejemplo en la preparación de tu corazón, en tu caminar personal, sino que también lo será al enseñar, como veremos más adelante.

Mientras tanto, comienza a tomarte un tiempo todas las mañanas y, sin pensar en el mensaje que tienes que preparar para el domingo, decide preparar tu corazón. Anota lo que Dios te quiere decir, anota las instrucciones precisas que te quiere dar. Incluso anota las decisiones que tienes que tomar y convérsalo con tu cónyuge o alguien de tu confianza; deja que Dios transforme tu vida.

02
EL LIBRO

"...y se juntó todo el pueblo como un solo hombre en la plaza que está delante de la puerta de las Aguas, y dijeron a Esdras el escriba que trajese **el libro de la ley de Moisés,** *la cual Jehová había dado a Israel".*
Nehemías 8:1 RV60

Estaba acostumbrado a leer libros. Cuando terminé la preparatoria elegí estudiar medicina y recuerdo que pasaba mucho tiempo en la biblioteca de la universidad, pero en lugar de ponerme a estudiar para el próximo examen, me paseaba por los pasillos de literatura latinoamericana. Me devoraba un libro tras otro y durante toda una tarde me perdía en sus historias que me llevaban a alguna ciudad y a alguna circunstancia.

Más tarde, ya habiendo decidido hacer una carrera musical como rapero, acostumbraba a leer para tener más vocabulario y más temas para escribir mi música. También como rapero me sabía mis canciones de memoria, y no eran unas pocas líneas, el rap requiere memorizar grandes cantidades de letras.

Sin embargo, como ya mencioné, cuando mi pastor Héctor me pidió que memorizara el Salmo 19 me pareció algo complicado. No sé por qué pero parece que nos bloqueamos cuando se trata de memorizar la Palabra. Sin darnos cuenta hemos memorizado muchas cosas a lo largo de nuestra vida. Sabemos datos, los guardamos en nuestra mente y los utilizamos en el momento adecuado, pero cuando nos piden memorizar un versículo inmediatamente nos negamos y decimos: "Para mí es imposible memorizar algo". Luego comienza esa canción en la radio y la cantamos de principio a fin sin ningún problema.

Memorizar no es algo que tiene que ver con la edad. En ocasiones las personas de edad avanzada creen que por su edad les costará más trabajo memorizar, pero no es así. Desde hace tiempo en los grupos de discipulado de la iglesia Semilla de Mostaza pedimos memorizar versículos y así, hermanos y hermanas han memorizado más de veinte versículos durante sus clases. Es hermoso citar uno de esos versículos mientras se enseña el domingo porque al final todos esos hermanos terminan diciendo ese versículo de memoria.

Memorizar el Salmo 19 me pareció difícil, pero apenas comencé a hacerlo se convirtió en algo fascinante, y más cuando Héctor comenzó a explicármelo, o más bien, cuando me enseñó a observar el texto.

No solo nos pidió memorizar. Ya le dije que también nos pidió algo bastante extraño para mí en ese momento: que lleváramos no solo nuestra Biblia, sino también una libreta y colores.

¿Colores? Sentí que estábamos regresando a la primaria; los colores se utilizan para colorear y creo que no los utilizaba desde ese tiempo.

Pero Héctor tenía otra cosa en mente. No eran para colorear pero sí para marcar nuestra Biblia. Entiendo que algunos puedan sentirse incómodos marcando su Biblia, o incluso ofendidos si alguien lo hace. A mí me ha ayudado mucho a observar e identificar el énfasis de algunos temas dentro de un pasaje, por lo menos resulta más fácil hacer asociaciones por medio de marcas con colores.

El hecho de memorizar fue muy edificante para mí, pero saber cómo observar el texto para entender lo que dice fue muy revelador para mi esposa y para mí. Era comprender lo que Dios quería decirnos.

EL LIBRO DE LA LEY DE MOISÉS

En Nehemías 8 el pueblo ya estaba seguro y protegido por los muros restaurados, y habiendo visto la mano de Dios en todo el proceso, le piden a Esdras traer el libro de la ley de Moisés. ¿Qué otra cosa podía pedir?

Nehemías había reconocido unas semanas atrás que la situación que habían enfrentado durante estos más de setenta años era consecuencia de abandonar la Escritura, y de la desobediencia y rebeldía de su pueblo. Seguramente durante el tiempo de reconstrucción, con tanta oposición y amenazas, Nehemías no dejó de recordarles que Dios estaba dispuesto a perdonarlos, pero que también estaba dispuesto a restaurarlos.

MEMORIZAR LA PALABRA ES EDIFICANTE, Y APRENDER A OBSERVARLA ES REVELADOR

La mano de Dios había sido tan evidente, incluso para sus enemigos, que no sorprende que esta haya sido la petición del pueblo.

Pero lo que sí sorprende es la unidad que hubo en relación a la petición: el pueblo entero se reunió en la plaza que está frente a la puerta de las Aguas y como un solo hombre estaban de acuerdo en lo que querían.

Ya hablaremos de esta unidad un poco más adelante, porque en verdad es un milagro. Cualquiera de nosotros sabe lo difícil que es que dos personas se pongan de acuerdo en cualquier cosa. Ahora, ¿te imaginas un pueblo?

¡Qué momento más especial! Una audiencia que está lista para escuchar, un ministro que se ha preparado, el ambiente propicio para que Dios sea revelado a su pueblo.

En los versículos 3 al 5 hay referencias a la disposición que tenía el pueblo y es maravilloso ver cómo sus sentidos estaban involucrados. En el hebreo se utilizan las palabras oídos y ojos, literalmente: ellos querían escuchar y sus oídos estaban atentos a lo que Esdras estaba por enseñar, y Esdras estaba sobre un estrado de madera y los ojos de todo el pueblo estaban fijos en una cosa: el libro. Ellos vieron cómo el libro estaba siendo abierto.

¿Te imaginas esta clase de atención en una de tus reuniones de enseñanza? Yo sé lo que es estar frente a una audiencia, tú lo sabes. Algunos están atentos, otros miran su reloj, otros están con mucha atención viendo lo que hay detrás de sus párpados, o sea durmiendo. Pero ese día la atención era total hacia lo que Esdras estaba a punto de decir.

Lo que trajo Esdras, dice el texto, fue el libro de la ley de Moisés. No era algo parecido a lo que nosotros traemos o a lo que tienes en tus manos. Tú tienes un libro encuadernado, con papel y tinta; quizás tengas en tus manos un libro electrónico o quizás solo tengas una pantalla delante de ti. Esdras traía un rollo.

Sin duda un solo rollo en sus manos, no la Biblia entera, porque eso tendría que cargarse en una carreta o por varios hombres; tampoco el Antiguo Testamento, ya que eso también ocuparía una gran cantidad de rollos. Es muy probable que solo trajera el libro de Deuteronomio.

Deuteronomio significa la segunda ley. A la "primera copia", digámoslo así, la encontramos en el libro de Éxodo, y esta segunda copia que Moisés escribió era para la nueva generación que había nacido en el desierto, la generación a la que Dios le iba a entregar la Tierra Prometida.

Hay un detalle que no podemos dejar pasar: el relato dice que le pidieron a Esdras que trajera el libro de la ley de Moisés, "la cual Jehová había dado a Israel".

Este rollo que Esdras trae no es un cuento que se origina en el pensamiento de un hombre, que proviene de la imaginación humana, no, es muy claro cómo especifica quién la había dado a Israel, al pueblo: Dios.

Pablo se asegura de decirle a Timoteo de dónde proviene la Escritura entera, no solamente el libro de Deuteronomio.

"La Escritura entera es inspirada por Dios y es útil para enseñarnos, para reprendernos, para corregirnos y para indicarnos cómo llevar una vida justa". 2 Timoteo 3:16

¿De dónde proviene?

Proviene de Dios, porque es inspirada por Él. La palabra "inspirada" hace referencia a más que a una inspiración poética, como cuando escuchamos que un poeta habla de la musa que lo inspira; hace referencia al "aliento de Dios"

El interés de Pablo es definir de dónde surge; surge de la boca de Dios, por así decirlo.

Entonces, dice en Nehemías, el libro de la ley de Moisés, ¿no la escribió Moisés?

Sí, pero por mandato de Dios.

En Éxodo 17 hay una historia muy interesante y una evidencia de este mandato que Dios le dio a Moisés. En el versículo 14 dice:

"Luego, el Señor le ordenó a Moisés: «Escribe esto en un libro para que se recuerde siempre, y anuncia a Josué que borraré todo rastro de Amalec".

Al derrotar Israel a Amalec en una batalla, el Señor le da una orden a Moisés, muy directa y muy clara: escribe esto en un libro.

La Palabra de Dios es inspirada por Dios, es el aliento de Dios, pero vino a estar en un medio físico por hombres como Moisés, siendo ellos un instrumento en manos de Dios. La Palabra es un registro de historias, donde el tema principal es la manera en que Dios rescata al Hombre del pecado y de la muerte.

En Éxodo 24:4 dice claramente: *"Moisés escribió todo lo que el Señor le dijo"*.

La Palabra de Dios no apareció de pronto escrita frente a Moisés, pero sí descendió del cielo. Fueron hombres los que registraron la historia de la redención, desde Génesis hasta Apocalipsis.

Y ahora Esdras trae el libro de la ley de Moisés en sus manos camino a ese estrado, para abrirla y hacer aquello que le pidieron: leerla.

LA SUFICIENCIA DE LA PALABRA

Memorizar el Salmo 19, entonces, fue la primera tarea que se me encomendó al comenzar a ser discipulado en la Palabra. Pero como ya dije, no íbamos solamente a memorizarlo, lo que Héctor tenía en mente era estudiarlo en profundidad; es a través de este Salmo que me enseñó a observar.

Y cuando comenzamos a observar el Salmo 19, empezamos a identificar las partes, y fue muy fácil ver la repetición de términos que hacían alusión a la Palabra de Dios; identificamos esas referencias, cuando dice: la ley, el testimonio, los mandamientos, el precepto, los juicios de Jehová.

Pero este Salmo no comienza así. David, el escritor, describe primero la manera en que Dios se revela a través de su creación.

Siempre ha sido el anhelo de Dios el darse a conocer, revelarse, revelar su poder y su majestad. Y qué manera tan impresionante de hacerlo a través de las cosas hechas.

El Salmo 19 versículos 1 al 6 dicen:

"Los cielos cuentan la gloria de Dios, el firmamento proclama la obra de sus manos. Un día se lo dice a otro día; una noche a otra hace que lo conozcan. Hablan sin sonido ni palabra, su voz es silenciosa en los cielos; su mensaje se extiende por todo el mundo, hasta los confines de la tierra. El sol, a quien Dios le puso su hogar en el cielo, recorre el espacio tan resplandeciente como el novio que viene de su boda, tan alegre como el atleta que espera participar en una carrera. Cruza los cielos de un extremo al otro y nada escapa a su calor".

Cuando era niño recuerdo que me acostaba en una mesa que estaba en el centro del patio, en casa de mis papás. En ese entonces, San Pedro Garza García, el municipio aledaño a Monterrey, no estaba tan poblado; recuerdo que no había más de seis cuadras urbanizadas, hacia la montaña. Por lo tanto se veía una gran cantidad de estrellas en el cielo durante la noche. Algunos días me pasaba horas recostado sobre esa mesa, en ocasiones solo, en otras junto a mi papá, que sacaba sus binoculares.

Alcanzaba a ver la circunferencia del cielo, como una bóveda sobre nosotros, y miles, decenas de miles de estrellas. Incluso alcanzábamos a llegar a ver cometas; eso era lo que más nos hacía pasar tiempo viendo el cielo.

Esas fueron las imágenes que vinieron a mi mente, cuando comenzamos a observar el primer versículo de este salmo.

–Cuando Dios creó todas las cosas, es como si hubiera dejado las huellas dactilares sobre ellas–, nos dijo Héctor levantando su mano hacia el cielo.

No es difícil ver esto en la creación, en los cielos, en el firmamento. Es evidente, es la obra de sus manos y está siendo proclamada.

David era un pastor de ovejas, un hombre de campo y al escribir tantas canciones creo que sin duda se inspiraba en lo que veía, mira lo que contemplaba:

"Cuando veo tus cielos, obra de tus dedos, la luna y las estrellas que tú formaste". Salmos 8:3 RV60

David reconoce que no son solo estrellas y la luna lo que contempla, dice: lo que estoy viendo es la obra de tus dedos. Sí, en este Salmo se utiliza la palabra "dedos"; Dios ha dejado sus huellas en la creación, la ha formado, le ha dado forma.

Ahora aquí la cosa se pone interesante. En el Salmo 33:6 dice:

"Bastó que hablara, y se formaron los cielos; que soplara para que se formaran todas las estrellas". Salmo 33:6

Me asombra el pensar que Dios hizo todo esto tan solo hablando; el libro de Génesis presenta de esa forma la creación de todas las cosas. Él dijo, Él habló y todo vino a la existencia por medio del aliento de su boca. Ese es el poder de Dios revelado en su creación.

En Romanos 1:20 nos dice Pablo: *"Desde que el mundo fue creado, la humanidad ha contemplado toda la creación que le muestra el eterno poder de Dios y el hecho de que él es verdaderamente Dios. Así, lo invisible de Dios se deja ver por medio de la creación visible, por lo que nadie podrá excusarse diciendo que no sabía si Dios existía o no".*

Lo único que usó Dios para crear los cielos y todo lo que el firmamento contiene es su voz, su Palabra.

La revelación de su gloria es un testimonio que se repite día tras día, noche tras noche. El texto dice que hay una voz silenciosa, una proclamación constante y que no hay lugar donde esto no se pueda observar. Su mensaje se extiende por todo el mundo. Ahora entiendo lo que Spurgeon dijo: "El que mira el firmamento y luego se hace llamar ateo se muestra como un necio o como un mentiroso".

En el Salmo 19 David utiliza los primeros 6 versículos para decirnos que Dios quiere revelarse a nosotros en su creación. Cuando la observas puedes dar testimonio de su poder y decir que Él es verdaderamente Dios y que todo lo que ves fue hecho por medio de su Palabra.

Solo piensa en esto: si su Palabra tiene poder para crear todo lo que vemos, ¿cuánto más tendrá poder para transformar mi vida? ¿Cuánto más tendrá poder para transformar la vida de aquellos que escuchan mi enseñanza?

Los versículos 7 al 10 presentan una lista de términos usados para hacer referencia a la Palabra.

"La ley de Jehová es perfecta, que convierte el alma; El testimonio de Jehová es fiel, que hace sabio al sencillo. Los mandamientos de Jehová son rectos, que alegran el corazón; El precepto de Jehová es puro, que alumbra los ojos. El temor de Jehová es limpio, que permanece para siempre; Los juicios de Jehová son verdad, todos justos. Deseables son más que el oro, y más que mucho oro afinado; Y dulces más que miel, y que la que destila del panal". (RVR60)

Entendí que si observamos bien esta porción podíamos ver que hay tres columnas: una de títulos de la Palabra, otra de características de la Palabra y una última de los efectos que tiene en el corazón del ser humano.

Ahí fue cuando comenzamos a usar los colores que habíamos llevado: con un color marcamos los títulos, con otro las características, y así íbamos identificando lo que este texto dice:

TÍTULOS	CARACTERÍSTICAS	EFECTOS
La ley	Perfecta	Convierte el alma
El testimonio	Fiel	Hace sabio al sencillo
Los mandamientos	Rectos	Alegran el corazón
El precepto	Puro	Alumbra los ojos
El temor	Limpio	Permanece para siempre
Los juicios	Verdad	Todos justos

Organizado de esta manera es más fácil de identificar y podemos asociar los términos; visualmente distinguimos lo que esta porción quiere decirnos.

¿Y qué nos dice el texto?

-Que la ley de Jehová, o sea este conjunto de instrucciones que dejó a su pueblo y a nosotros, que contiene su voluntad para nosotros, es perfecta.

Perfecta me habla de estar completa, entera, que no le falta nada; no necesita que se le añada nada, no se le tiene que agregar algo más.

Me llama la atención que, si está completa, no necesita que la embellezcamos o que intentemos poner algo que la haga verse más atractiva; no necesita ni siquiera de nuestras opiniones.

Y así sola, la Palabra de Dios tiene un efecto: convierte el alma. O como en otras versiones dice: reaviva el alma, restaura el alma, da nueva vida. Es ella la que hace regresar al hombre a su propósito original, a tener una relación con su creador a través de una nueva vida.

Es Pedro en Jerusalén, en el pórtico de Salomón, quien llama al pueblo, que le escuchaba maravillado por la sanidad del cojo de nacimiento, a arrepentirse y volverse a Dios para que Él los limpie de sus pecados

(Hechos 3:19). Volver a Dios, convertirse, la Palabra de Dios tiene poder para hacer esto, hacernos volver a Dios.

-Que el testimonio de Jehová, o sea las declaraciones de Dios, es Dios hablando. Cuando hoy escucho la palabra "testimonio" me viene a la mente el hermano o hermana que sube a una plataforma a hablar de lo que Dios ha hecho en su vida. Pero antes de ser yo cristiano, esta palabra hacía imaginarme a un testigo que relata lo que vio y escuchó en una escena de crimen.

Ese testimonio es fiel, es confiable, podemos confiar en Él. Dios es un Dios veraz, un Dios que no te va a mentir, puedes confiar en su Palabra. Su Palabra se mantiene estable como una columna que soporta un edificio; aun cuando la pongas a prueba resistirá. Su testimonio se sostiene frente a cualquiera.

Y ese testimonio fiel hace sabio al sencillo, da sabiduría. Una persona sencilla es una persona simple o ingenua. Proverbios dice que este tipo de persona se cree todo lo que le dicen, en cambio el prudente piensa cada paso que da (Prov 14:15). Todos en algún momento fuimos engañados creyendo lo que alguien nos decía.

Hace algún tiempo, un joven me comentó que estaba buscando una batería para su cámara de video y fue a una zona de la ciudad donde podían conseguirse, pero es un lugar donde también hay mucho robo. En cuanto llegó se le acercó una persona para preguntarle qué buscaba; al decirle él, le aseguró que se la conseguiría. Esperó unos minutos y llegó con una batería que no era para el modelo de cámara que traía. Después de un par de intentos más, esta persona le dijo: "Para no estar dando vueltas, préstame tu cámara y así verificaré que la batería le quede".

Yo sé lo que estás pensando, claro. Esa persona no regresó y el joven ni siquiera sabía dónde buscarlo. El engaño es muy común en nuestros días, y son muchos los que ofrecen aquellas cosas que solo Dios puede dar: paz y libertad. Pero somos crédulos y fácilmente nos engañan.

Pues este testimonio fiel nos da sabiduría, nos muestra quién es Dios, y mientras le conocemos, comenzamos a honrarle y así iniciamos este proceso de recibir de Él sabiduría.

-Que los mandamientos de Jehová son rectos, son derechos. Son las instrucciones de Dios, por lo tanto no son sugerencias u opiniones, es lo que Dios nos ha mandado. Si Dios nos creó, sin duda Él puede pedirnos lo que quiera, pero una vez más hace referencia a toda la Palabra.

Estos mandamientos, dice el Salmo 19, alegran el corazón; al recorrer la Palabra de principio a fin podemos encontrar consuelo, paz, dirección, incluso ánimo, pero también encontramos represión, exhortación y disciplina. Pero para nuestra sorpresa, todas estas estas cosas que encontramos alegran nuestro corazón. Aun cuando Dios use su palabra para descubrir mi pecado, y me llene de una tristeza que me lleva al arrepentimiento y a encontrar su gracia, Él cambia mi lamento en baile.

-Que el precepto de Jehová es puro, no tiene mancha, no hay nada sucio en él. Un Dios puro hablará de acuerdo a su carácter; nunca la Palabra de Dios te va a llevar al pecado, al contrario, te alejara de él.

Otro efecto más que encontramos aquí es que alumbra los ojos, trae lucidez, trae luz en medio de la oscuridad. Muchos de los errores que cometimos en el pasado tienen que ver con no saber a dónde ir, y no lo sabíamos porque nuestros ojos estaban cegados, incluso nuestro entendimiento estaba entenebrecido (Efesios 4:18). Pero su Palabra tiene poder para alumbrar nuestros ojos, para llevarnos en el camino correcto, el cual es agradable a Dios.

En el Salmo 119:105 dice: *"Tu palabra es una lámpara a mis pies, y una luz en mi sendero"*. Qué maravilla es encontrar en algo tan cercano a nosotros y de tan fácil acceso, luz para las decisiones que tenemos que tomar. Pedro nos recuerda en su segunda carta que hacemos bien en estar atentos a ella, ya que el lugar en donde estamos y por donde caminamos es oscuro. Necesitamos pedirle: *"envía tu luz y tu verdad; que sean ellas mi guía"*.(Salmo 43:3)

-Que el temor de Jehová es limpio, que permanece para siempre. Cuando leemos esto nos sorprende, porque nos ha dado una lista muy clara, con características, y pareciera que se sale del tema, pero no es así.

Es cierto que su Palabra permanece para siempre, Jesús mismo dijo: *"El cielo y la tierra desaparecerán, pero mis palabras permanecerán para siempre"*.Mateo 24:35

LOS EFECTOS QUE TIENE LA PALABRA EN NUESTROS CORAZONES SON INMEJORABLES

Así como es cierto que su Palabra es limpia, ¿por qué menciona la Palabra de Dios *"el temor de Jehová"*? Creo que todos los que se han acercado a ella con un corazón sincero se retiran sorprendidos, en asombro total. Eso es lo que produce su Palabra, temor, pero un temor limpio, un temor que se genera no a partir del miedo, ya que eso sería sucio, sino que nace de una relación con Aquel que desea ser revelado frente a nosotros.

-Que los juicios de Jehová son verdaderos, todos son justos. Estos son los veredictos, como los dictados por un juez en una corte, pero ningún ser humano tiene todos los elementos para emitir un juicio y con total certeza decir que se hizo justicia. Constantemente escuchamos acerca de injusticias al declarar sentencias.

Pero con Dios esto no es un problema, Él sí que tiene todos los elementos para juzgar justamente, Él es un Dios justo. No hay nada oculto ante sus ojos, no hay manera de esconder algo frente a Él. Y esto puede llenarnos de miedo, pero a mí siempre me ha gustado decir que me llena de confianza.

Somos muy dados a aparentar frente a los demás porque sabemos que difícilmente se darán cuenta de la realidad, pero con Dios no se puede, y eso me genera confianza, puedo venir ante Él sin máscaras, sin la necesidad de aparentar nada frente a Él.

Lo más maravilloso es que Dios no nos ha dado justicia, nos ha dado misericordia.

MÁS DESEABLE

Ya nos dimos cuenta de que los efectos que tiene la Palabra en nuestros corazones son inmejorables, nada en este mundo puede darte lo que ella te puede dar. Y creo que por esta razón el texto termina diciendo que su Palabra es más deseable que el oro y es más dulce que la miel.

Tener dinero no te alcanza para convertir tu alma, pero su Palabra es un mapa para regresar nuestra alma a casa.

Ir a la universidad te puede brindar una educación, pero nunca te dará sabiduría.

Las cosas materiales de este mundo pueden traer cierta satisfacción, pero cuando se vuelven una costumbre esa felicidad se termina; solo Dios puede traer gozo duradero en medio de cualquier circunstancia.

Decidir por ti mismo puede llevarte a caminos muy oscuros, pero su Palabra puede alumbrarte de manera que sepas a dónde ir.

Todo en este mundo se acaba, pero su Palabra es para siempre; asómbrate de lo que quiere mostrarte día a día.

Todos queremos conocernos a nosotros mismos; creemos que al hacerlo aprenderemos a amarnos, pero es su Palabra la que nos desnuda, nos muestra nuestra realidad y a pesar de cómo estamos, Dios nos da su misericordia para estar con Él.

¿Cómo no desearla más que el oro? ¿Cómo no probarla cuando es más dulce que la miel?

Ahora comprendemos un poco más por qué Nehemías llevó el Libro de la Ley. ¿Qué más podría haber llevado? Tenía una audiencia dispuesta a escucharlo, hambrienta por conocer la voluntad de Aquel que con su mano les ayudó a ser libres de nuevo.

¿Cómo no llevar nuestra Biblia y colores esa mañana? No tenía ni idea de lo que sería para mí, para mi esposa, para nuestro matrimonio, para nuestro futuro abrir las páginas de la Biblia y memorizar este Salmo. Estaba frente a un tesoro inigualable, frente al mejor banquete de mi vida.

Una vez escuché al pastor Skip Heitzig, de Alburquerque, decir lo siguiente al enseñar este salmo: "Para el cuerpo vas al médico, para la mente vas a la universidad, para el alma vamos a la Palabra".

Vamos a la Palabra porque eso es lo que las almas de aquellos que nos escuchan necesitan.

03

LOS QUE PODÍAN ENTENDER

*"Y el sacerdote Esdras trajo la ley delante de la congregación, así de hombres como de mujeres y de todos **los que podían entender,** el primer día del mes séptimo. Y leyó en el libro delante de la plaza que está delante de la puerta de las Aguas, desde el alba hasta el mediodía, en presencia de hombres y mujeres y de todos **los que podían entender;** y los oídos de todo el pueblo estaban atentos al libro de la ley".*
Nehemías 8:2-3 - RVR60

Durante mi infancia en Monterrey siempre tuve una Biblia en el escritorio de mi habitación; la recuerdo perfectamente, seguramente fue un regalo de mis padres. Era de pasta dura, color rojo tirando a vino, no muy grande, quizás si la tuviese en este momento cabría en mi mano. Sus hojas eran delgadas, quizás de papel arroz.

También recuerdo claramente que no la leía consistentemente, y si la leía, no la entendía.

De niño siempre fui muy introvertido, casi no hablaba con nadie. Y recuerdo que por las noches tenía mucho miedo, y que ese miedo surgía de lo que soñaba. En esos sueños aparecían seres muy extraños que se alargaban o se hacían gordos mientras tenían sus ojos fijos en mí. ¿Y qué hacía? Metía esa Biblia debajo de mi almohada, creyendo que al tenerla allí mi mente iba a descansar.

Para mí esa Biblia era una especie de amuleto que me protegía; pensaba que poniéndola en ese lugar lograría que esos pensamientos y esas pesadillas desaparecerían. Ya sé, suena gracioso, pero así resolvía mis tragedias a esa edad.

Pero la realidad es que no entendía nada de lo que estaba escrito en esas páginas. Por lo menos a mí personalmente no me decía nada. Era como estar leyendo palabras en otro idioma.

PODER ENTENDER

Cuando llegó Esdras a la plaza frente a la puerta de las Aguas se encontró con una multitud que tenía un gran deseo de escuchar, que estaba atenta a las palabras de la ley. Sus oídos estaban atentos al libro de la ley.

En el capítulo 8 de Nehemías aparece seis veces la palabra "entender", que es la palabra que se utiliza para describir a la multitud que estaba ahí reunida; eran hombres y mujeres que podían entender. También se utiliza para describir la intención que tenía Esdras y los levitas al enseñar al pueblo. Su deseo no era solo enseñarles, su deseo y objetivo era que los que escuchaban pudieran entender.

Al estudiar este pasaje es evidente que hay un énfasis en esto, hay un interés en el hecho de entender lo que se les está enseñando.

Esdras tiene enfrente a un grupo de personas que podía entender. Quizás no hay niños pequeños en esta multitud.

Qué importante es tener diferentes grupos dentro de la iglesia, formados de acuerdo a esta capacidad de entender. Es por eso que en muchas iglesias hay un lugar para que nuestros hijos aprendan, de acuerdo a esta capacidad. Hay una diferencia entre los chicos de diferentes edades. Y qué bella oportunidad es enseñar a los pequeños la Palabra.

Mi enfoque al enseñar la Palabra debe ser que aquellos que me escuchan entiendan.

LA PALABRA, UNA SEMILLA PODEROSA

En una ocasión Jesús se sentó junto al mar de Galilea. Al acercarse la multitud se sentó en una barca y comenzó a enseñarles. Estar en la barca le proveía de una plataforma y mantenía a las personas a una distancia que le permitía enseñarles.

Y utilizaba parábolas para enseñar a la gente; este momento está registrado en tres de los evangelios. Los relatos son prácticamente idénticos con pequeñas diferencias; aquí está el del Evangelio de Mateo:

ES IMPORTANTE TENER DIFERENTES GRUPOS DENTRO DE LA IGLESIA, FORMADOS DE ACUERDO A SU CAPACIDAD DE ENTENDER

"Y les habló muchas cosas por parábolas, diciendo: He aquí, el sembrador salió a sembrar. Y mientras sembraba, parte de la semilla cayó junto al camino; y vinieron las aves y la comieron. Parte cayó en pedregales, donde no había mucha tierra; y brotó pronto, porque no tenía profundidad de tierra; pero salido el sol, se quemó; y porque no tenía raíz, se secó. Y parte cayó entre espinos; y los espinos crecieron, y la ahogaron. Pero parte cayó en buena tierra, y dio fruto, cuál a ciento, cuál a sesenta, y cuál a treinta por uno. El que tiene oídos para oír, oiga". Mateo 13:3-9 (RVR60)

En el diccionario bíblico Vine nos dice que el significado de la palabra parábola es "poner una cosa al lado de otra con el propósito de comparar". Se usaba para enseñar una lección espiritual, a partir de un relato sacado de la naturaleza o de circunstancias humanas.

Y esta es una de esas parábolas conocida como la parábola del sembrador. Si la leemos con detenimiento nos damos cuenta de que en realidad el énfasis no está en el sembrador, que por cierto es un sembrador bastante malo. El énfasis está en el tipo de suelo donde cae la semilla.

Sin duda era una ilustración con la que la multitud podía identificarse, ya que el sembrar en esa región era algo muy común; no dudo que algunos de los que estaban ahí quizás venían de hacer precisamente eso, sembrar.

Jesús presenta cuatro situaciones distintas, con una constante. La constante es la semilla que soltó el sembrador, la variable es el tipo de suelo donde cayó; solo el 25% dio fruto. Es por eso que anteriormente dijimos que era un sembrador bastante malo. Pareciera que estaba desperdiciando las semillas que soltaba.

Los primeros tres tipos de suelo no produjeron fruto, tuvieron situaciones adversas que evitaron que la semilla diera fruto. La primera ni siquiera tuvo oportunidad de echar raíces, esta es la semilla que cayó en el camino: solo sirvió de alimento para las aves. La segunda cayó entre pedregales, las piedras hicieron que la semilla no tuviera profundidad ni el medio adecuado para echar raíces, y aunque creció un poco, el sol terminó por consumirla. La tercera es una semilla que cayó entre espinos, y siendo así, no tuvo ninguna oportunidad de crecer, ya que los espinos la ahogaron. Pero la cuarta tuvo un resultado muy distinto: no solo dio fruto, sino que dio una cantidad de fruto que no era común ver. Jesús dice que esa semilla que cayó en buena tierra dio fruto a ciento por uno, sesenta por uno y treinta por uno.

¿Qué quiere decir esto? Que por una semilla sembrada, el sembrador obtuvo cien semillas, o sesenta o treinta. Solo en una ocasión observamos en el relato bíblico a un hombre que tuvo este tipo de cosecha abundante, su nombre era Isaac, el hijo de Abraham.

"Y al ver sus vecinos que obtenía ese tipo de cosecha, prefirieron pedirle que se alejara de esa región, ya que se estaba convirtiendo en una amenaza para ellos. Isaac había prosperado tanto con este tipo de cosecha que se engrandeció y en palabras de Abimelec: se hizo muy poderoso".
(Génesis 25:12-16)

El tipo de cosecha de la que Jesús está hablando es aquella que hace rico al sembrador, lo hace próspero y muy poderoso. La exageración es evidente, y siendo algo pocas veces visto, me imagino que aquellos que escuchaban la parábola se sorprendieron al llegar a esta parte.

LOS DISCÍPULOS HACEN PREGUNTAS PORQUE BUSCAN RESPUESTAS

Cuando terminó de enseñar, los discípulos se acercaron a preguntarle qué quería decir con aquella parábola. Los discípulos no quieren quedarse con la duda, hacen preguntas porque buscan respuestas. ¿No estás agradecido de que hayan preguntado por su significado? Me encanta ver que Jesús los atiende, se toma el tiempo para explicarles.

¿Sabes qué? Puedes acercarte con confianza a Jesús, sabiendo que no le molesta que le hagas preguntas, él está más que dispuesto a responder.

Cuando responde, Jesús les dice a sus discípulos:

"la semilla es la Palabra de Dios"
(Lucas 8:11)

Es interesante que se presente a la Palabra como una semilla porque nos invita a meditar en lo poderosa que es una semilla. En esa pequeña semilla se encuentra toda la información para poder germinar y desarrollarse, hasta llegar a ser un árbol que da fruto, un fruto que dentro de sí mismo contiene semilla.

No solo en los evangelios aparece esta imagen, en la primera carta de Pedro, él hace referencia a la Palabra de Dios como una semilla. No solo una semilla, sino una semilla incorruptible, que tiene el poder para traer un nuevo nacimiento a aquel que está expuesta a ella.

"siendo renacidos, no de simiente corruptible, sino de incorruptible, por la palabra de Dios que vive y permanece para siempre. Porque: Toda carne es como hierba, Y toda la gloria del hombre como flor de la hierba. La hierba se seca, y la flor se cae; Mas la palabra del Señor permanece para siempre. Y esta es la palabra que por el evangelio os ha sido anunciada". 1 Pedro 1:23-25 (RVR60)

Pedro presenta la Palabra de Dios como una semilla, una semilla incorruptible; él dice que esta semilla "vive y permanece para siempre".

Esa semilla es portadora de buenas noticias, las cuales, al creerlas, dan lugar a que suceda algo en nosotros; somos hecho nuevos por el poder salvador de nuestro Dios. Sin duda, la Palabra de Dios es poderosa.

Volviendo al pasaje de Mateo 13, Jesús, ya en privado, les dice a sus discípulos:

"Oíd, pues, vosotros la parábola del sembrador: Cuando alguno oye la palabra del reino y no la entiende, viene el malo, y arrebata lo que fue sembrado en su corazón. Este es el que fue sembrado junto al camino. Y el que fue sembrado en pedregales, este es el que oye la palabra, y al momento la recibe con gozo; pero no tiene raíz en sí, sino que es de corta duración, pues al venir la aflicción o la persecución por causa de la palabra, luego tropieza. El que fue sembrado entre espinos, éste es el que oye la palabra, pero el afán de este siglo y el engaño de las riquezas ahogan la palabra, y se hace infructuosa. Mas el que fue sembrado en buena tierra, éste es el que oye y entiende la palabra, y da fruto; y produce a ciento, a sesenta, y a treinta por uno". S. Mateo 13:18-23 (RVR60)

Cada tipo de suelo donde cae la semilla representa un tipo de persona que, al escuchar la Palabra del Reino, produce diferentes resultados.

LOS OBSTÁCULOS

El primero, aquella semilla sembrada junto al camino, representa a la persona que oye la Palabra y no la entiende; inmediatamente viene el malo y la quita del corazón. El malo en los otros evangelios es identificado como el diablo, como Satanás. Y al parecer él tiene un gran interés en que esa semilla no dé fruto, que no germine. Tenemos que considerar, si aún no lo hemos hecho, que enfrentamos una guerra espiritual cuando se enseña la Palabra. Y Satanás tiene una gran razón por la que desea quitar esa semilla; él sabe que si creen la Palabra se salvarán. (Lucas 8:12)

No solo lo sabe, lo cree. Tiene confianza en que si esa Palabra es oída y entendida, el corazón de esa persona puede ser transformado. Pedro ya nos había dicho que esa semilla incorruptible nos hace renacer. Santiago también lo dice:

SATANÁS SABE QUE LA PALABRA DE DIOS TIENE PODER PARA SALVAR, ¿LO SABEMOS NOSOTROS REALMENTE?

"Él quiso darnos vida por medio de la palabra de verdad, para que fuéramos los primeros frutos de su creación". (Santiago 1:18)

Satanás sabe que la Palabra de Dios tiene poder para salvar; quizás la pregunta que nosotros debemos hacernos es: ¿lo sabemos nosotros? ¿Sabemos que cada vez que enseñamos la Palabra, que soltamos la semilla, puede resultar en salvación? ¿Lo creemos?

El segundo, aquel que oye la Palabra e inmediatamente le llena de gozo, pero no perdura. Se compara con la semilla que cae entre las piedras; como no está sembrada en tierra, no puede echar raíz y tiene una germinación pero no es duradera. Al llegar las aflicciones o la persecución por causa de la Palabra, tropiezan, se apartan.

Las personas que escuchan la Palabra en alguna de nuestras reuniones van a regresar a casa y enfrentarán situaciones que ni nos imaginamos. Al no conocer su entorno familiar o laboral, no sabemos qué enfrentan; podrían ser desde burlas hasta persecución por la fe que ahora han decidido abrazar.

Recuerdo una familia que llegó a nuestra iglesia. Los veíamos felices cuando venían los domingos, incluso llegaron a traer a otras personas. En sus vidas, todo esto era algo nuevo y emocionante, hasta que su hija pequeña enfermó, sus familias comenzaron a decirles que era el resultado de haber creído, de estar yendo a "esa iglesia"; la presión fue demasiada y decidieron ya no regresar.

El tercero, los que fueron sembrados entre espinos. Los espinos ahogan cualquier intento de crecimiento que tenga la planta. Así, aquellos que escuchan enfrentan un mundo que se caracteriza por el afán constante, que persigue las riquezas pensando que estas van a proveerles seguridad, estabilidad o incluso gozo.

Por un lado, el afán nunca termina; el mismo Jesús dijo que cada día trae su propio afán, sus propios problemas (Mateo 6:34). Es por eso que Dios nos dio la oración, con el fin de que nada nos afane y nos paralice, su promesa a través de la oración es paz. Por otro lado, las riquezas son efímeras, no podemos poner nuestra esperanza en ellas. Nuestra confianza debe estar en Dios, quien siempre nos proporciona todas las cosas en abundancia para que las disfrutemos (1 Timoteo 6:17).

Este mundo nos invita a perseguir aquellas cosas que, aparentemente, van a darnos satisfacción; ese es el engaño que domina nuestras acciones. Que nos esclaviza. Y esa esclavitud, tristemente, puede llegar a prolongarse toda la vida. Jesús vino a librar a los cautivos, y su testimonio lo encontramos en las Escrituras.

Así que, mientras enseñamos la Palabra, mientras sembramos semillas, cada una de estas cosas intentan hacer infructuosa a esa semilla. Sí, la semilla tiene la capacidad de salvar, de dar vida, de transformar.

Una semilla es poderosa pero su poder se despliega solo si está sembrada en el lugar correcto.

¿Cuál es ese lugar correcto? Jesús lo llama así: buena tierra. El lugar propicio para que esa semilla germine. Este tipo de suelo representa al que fue sembrado en buena tierra, el que oye la Palabra y la entiende. El resultado es aquel que describimos hace unos momentos, una vida próspera, rica. Una vida abundante en fruto.

UN ÁRBOL QUE DA FRUTO NO SE ALIMENTA DE ESE FRUTO. EL FRUTO ES PARA QUE ALGUIEN MÁS SEA NUTRIDO

Una de las cosas que hace poco comprendí, y que en mi mente le dio sentido al caminar diario de un discípulo, fue el darme cuenta de que un árbol que da fruto no se alimenta de ese fruto. El fruto es para que alguien más sea nutrido; es otro el que recibe los nutrientes al estar en contacto con ese fruto. Me gusta pensar que los demás son refrescados con el fruto de ese árbol frondoso.

Cuando una persona llega a entender la Palabra y es expuesta a su poder, ya no vuelve a ser igual. Es transformada de manera tal que se refleja en su propio caminar, en sus relaciones interpersonales, en cada lugar en donde se encuentre, en la casa, en el trabajo, en la escuela, en todo lugar.

Cuando observamos la misma parábola en los tres evangelios donde es relatada, aprendemos aún más detalles, fíjate:

"Mas el que fue sembrado en buena tierra, éste es el que oye y entiende la palabra…". (Mateo 13:23 RVR60)

"Y estos son los que fueron sembrados en buena tierra: los que oyen la palabra y la reciben…". (Marcos 4:20 RVR60)

"Mas la que cayó en buena tierra, estos son los que con corazón bueno y recto retienen la palabra oída, y dan fruto con perseverancia". (Lucas 8:15 RVR60)

Sin duda, la diferencia que hay entre los diferentes tipos de suelo tiene que ver con la actitud de aquel que recibe la semilla. Los primeros tres solo oyen la Palabra pero no la entienden, mientras que en el último caso, no solo oyen, sino que también la entienden, la reciben, la retienen. Su actitud es muy distinta.

Sí, sé lo que estás pensando. Esta parte ya no es responsabilidad del que enseña sino del que escucha, y es cierto.

Pero creo que es nuestra responsabilidad hacer todo lo posible por enseñar de tal manera que las personas que nos escuchan entiendan la Palabra. Qué triste sería que yo esté colaborando con Satanás, con las aflicciones, las persecuciones, con los afanes y el engaño de las riquezas. Un pobre desempeño de mi parte puede ser un obstáculo para lograr el objetivo que tiene mi predicación: que crean y se salven.

Nuestro deseo debe ser observar hombres y mujeres transformados por el poder de Dios, que viven vidas que lo glorifican con cada paso que dan.

Charles Spurgeon da en el clavo cuando dice: "Por hermosa que sea la canasta del sembrador, es cosa enteramente inútil si no contiene semilla".[4]

Primero necesito asegurarme de que estoy sembrando la semilla de la Palabra de Dios, que no sean mis palabras, mis opiniones, mis historias o testimonios lo que estoy sembrando, por más sorprendentes que sean. Mis palabras no se pueden comparar con su Palabra; su Palabra es semilla incorruptible que permanece para siempre.

Cuando Pedro nos dice que su Palabra permanece para siempre, ¿te diste cuenta de con qué la comparó?

> **UN POBRE DESEMPEÑO DE MI PARTE PUEDE SER UN OBSTÁCULO PARA LOGRAR EL OBJETIVO QUE TIENE MI PREDICACIÓN: QUE CREAN Y SE SALVEN**

"'Todo humano es como la hierba, y toda su gloria como la flor del campo; la hierba se seca y la flor se cae, pero la palabra del Señor permanece para siempre'. Y esta es la palabra del evangelio que se les ha anunciado a ustedes".
(1 Pedro 1:24-25)

La comparó con el ser humano, con la gloria que él busca, de la cual dice que es como hierba, como la flor del campo, que un día es y al siguiente ya no es.

Qué ingenuo y triste es pensar que mis palabras o las palabras de otro ser humano pueden mover o inspirar a las personas. Confiemos en el poder de la Palabra de Dios, sembremos con esperanza, con confianza. Dejemos el resto en las manos de Dios, sin dejar de orar para que los

---

4 Spurgeon, Charles. *Discurso a mis estudiantes.* Editorial Mundo Hispano, 1989. Pág 122

que me escuchen tengan la actitud adecuada, para que esa semilla dé fruto.

¡HOY ENTENDÍ MUCHO!

La primera vez que fuimos a la iglesia Semilla de Mostaza, en la Ciudad de México, fue toda una experiencia. Nos sentimos recibidos y amados desde el momento en que entramos al auditorio de una escuela, lugar donde se reunían. Recuerdo que uno de los que participaban en el grupo de alabanza recorrió medio auditorio pisando sobre el respaldo de las butacas solo para darnos un abrazo de bienvenida a mí y a mi futura esposa.

Nos acercamos al pastor Héctor, quien me propuso inmediatamente montar una canción para la siguiente reunión, lo cual hicimos; el talento musical era algo que abundaba en esa iglesia.

Pero cuando terminó la reunión, no fue eso lo que comentamos; mi prometida salió diciendo: "Hoy entendí mucho, creo que aprendí más de lo que he aprendido en muchos años".

Semilla de Mostaza era la segunda o tercera iglesia que yo visitaba; ella había estado por más de doce años en la misma iglesia, pero tan solo esas dos horas que habíamos pasado ahí fueron suficientes para darnos cuenta de que la enseñanza había sido distinta.

Héctor había decidido proyectar la película llamada *Mateo*, una producción que se apegaba al texto bíblico sin añadir diálogos o situaciones ficticias. De hecho, en una de las esquinas inferiores aparecía el versículo que se estaba representando. El domingo que llegamos estaban por el capítulo 5. El pastor enseñó verso a verso las bienaventuranzas; tan solo doce versículos, pero nos dejó con la boca abierta y con el corazón lleno.

Habíamos presenciado a un sembrador, a uno que estaba proclamando la Palabra, que sin mérito propio alguno había solo sacado de la canasta la semilla y la había sembrado en los que ocupábamos esas butacas. Mi esposa salió sorprendida del lugar, y esperando a que llegara el siguiente domingo para regresar.

Hoy ya no pongo la Biblia debajo de la almohada. Cuando la leo, la entiendo y Dios nunca deja de hablarme. Él es bueno.

04
LAS HERRAMIENTAS

*"Y el escriba Esdras estaba sobre **un púlpito de madera** que habían hecho para ello, y junto a él estaban Matatías, Sema, Anías, Urías, Hilcías y Maasías a su mano derecha; y a su mano izquierda, Pedaías, Misael, Malquías, Hasum, Hasbadana, Zacarías y Mesulam. Abrió, pues, Esdras el libro a ojos de todo el pueblo, porque estaba más alto que todo el pueblo; y cuando lo abrió, todo el pueblo estuvo atento".*
Nehemías 8:4-5 RVR60

Es sorprendente la velocidad a la que llegó la tecnología a mi generación. Implementos que veíamos en dibujos animados como los "Supersónicos" son una realidad en nuestra vida diaria; no solo son una realidad, son una necesidad.

Algunos de los que están leyendo esto nunca tuvieron en sus manos un floppy disk o diskette, pero seguro que en su mochila o incluso en su bolsillo del pantalón llevan una memoria USB. Solo para tener una relación entre los dos, un floppy disk guardaba información pero su capacidad era de 160KB, mientras que hoy puedes conseguir una memoria USB con capacidad de almacenar 512 Gigas de información.

Las computadoras se instalaban en una oficina, tenían un CPU y un monitor que no se podían llevar a ningún lado; no existían las computadoras portátiles, y ahora tenemos una computadora con muchísima más capacidad en la palma de nuestra mano: el teléfono inteligente.

Tener esta clase de tecnología en nuestras manos ha hecho que la información nos llegue más rápidamente. Algunos podrían perderse en medio de tanta información, perderse en la ociosidad de un recurso así en sus manos. Otros han convertido todo esto en una herramienta.

PÚLPITO DE MADERA

Cuando llegaron a la plaza frente a la puerta de las Aguas, Esdras y todos los levitas que los acompañaban subieron a un púlpito de madera, que fue construido especialmente para ese momento. Recuerda que se había acabado la reconstrucción de los muros; Nehemías había traído un cargamento de madera para la realización de esta obra. No se nos dice cuándo se construyó este púlpito, supongo que habrá sido cuando terminaron la reconstrucción, y muy probablemente reutilizaron parte de esa madera.

El púlpito es más bien una especie de estrado o plataforma. En otras porciones del Antiguo Testamento se traduce esta palabra como una torre; el texto dice que subieron todos, Esdras y los levitas, por lo que esta estructura tenía que ser lo suficientemente grande y firme para soportarlos. Quizás a espaldas de la plataforma se veía el muro.

¿Por qué utilizaron una plataforma así?

Simplemente les hacía estar más alto que todos los demás, así que el objetivo era que todos pudieran verlos y así estar atentos a la enseñanza que iba a impartir Esdras.

Esta plataforma es una herramienta para que el mensaje pueda llegar a muchos, le permite a Esdras proyectar su voz de tal manera que los que están muy atrás no pierdan nada de lo que está diciendo.

De alguna manera Jesús utilizó algo muy parecido cuando le seguía una multitud.

"Un día, Jesús estaba a la orilla del lago de Genesaret y la gente lo apretujaba para oír el mensaje de Dios. Entonces vio dos barcas que estaban en la playa. Los pescadores las habían dejado allí mientras lavaban sus redes. Él subió a una de las barcas, que era de Simón, y le pidió que la alejara un poco de la orilla. Luego se sentó y desde la barca le enseñaba a la gente". (Lucas 5:1-3)

Jesús había recorrido los pueblos alrededor de Galilea anunciando las buenas noticias del reino de Dios, y mucha gente comenzó a seguirle. Según este pasaje, le buscaban con el deseo de oír el mensaje de Dios. Eran tantos que comenzaron a apretujarse, por esa razón Jesús puso una distancia entre él y ellos.

ES IMPORTANTE QUE AQUELLOS QUE NOS ESCUCHAN VEAN QUE EL MENSAJE QUE ESTAMOS ENSEÑANDO PROVIENE DE LA PALABRA DE DIOS

Pidiendo prestada a Simón su barca, la alejó un poco de la orilla, y sobre la barca, como un maestro de la ley, se sentó y comenzó a enseñar a la multitud.

Esto hacía que la gente se acomodara alrededor de la playa, como en una especie de auditorio, y muy probablemente el viento ayudaba a proyectar la voz de Jesús para que fuera oída por todos. Jesús usó esa barca como una herramienta a fin de que el mensaje llegara a todos los que le escuchaban.

Podríamos decir que tanto Jesús como Esdras, al enseñar frente a la multitud, utilizaron la última tecnología de su tiempo.

Así también nosotros echamos mano de la tecnología; puede ser desde los elementos más simples, como una plataforma o un micrófono. Cada una de estas cosas nos ayudan en la tarea de enseñar la Palabra.

Aun usando esa plataforma, Esdras lo que abre es el libro de la ley, lo que lee es el libro de la ley, lo que explica y enseña es el contenido de ese mismo libro. Esdras no se desenfoca del llamado que tiene como maestro de la Palabra.

Cuando se encontraba a la vista de todos, Esdras abrió el libro. Todos estaban viendo solo una cosa: a Esdras leyendo del libro que tenía frente a él.

Qué importante es que aquellos que nos escuchan vean que el mensaje que estamos enseñando proviene de la Palabra de Dios, que nos vean abrir el Libro.

TRAER Y ABRIR EL LIBRO

Sé que suena muy extraño que lo diga, pero es necesario traer el libro, abrir el libro y enseñar a partir del libro. Pareciera que es básico, pero en ocasiones son las cosas más básicas las que olvidamos hacer o las que omitimos. Quizás sentimos que no son tan importantes, pero en realidad son las más importantes.

El ejemplo más claro que me viene a la mente es la cocina. Mi esposa estudió una carrera culinaria en la universidad. A ella desde pequeña le encantaba la cocina, y ayudaba a su mamá al volver de la escuela a hacer la sopa; así comenzó su afición por crear "arte" en un platillo (no puedo describirlo de otra manera).

Al llegar a la universidad, las primeras clases incluyen cómo tomar el cuchillo, las diferentes técnicas para picar verduras, los tamaños y las formas. Un día me comentó que, cuando le pidieron en su clase que picara una cebolla, le dieron exactamente la medida, los milímetros en que tenía que quedar picada. El chef pasaba con una regla midiendo el tamaño de sus cortes. ¡Qué miedo!

Soy testigo de que mi esposa no ha olvidado esa lección. Si estás en una clase y tu calificación depende de eso, sí, qué miedo, pero al mismo tiempo, qué lógico suena tener bien en claro los pasos básicos; eso hace que tengas buenos resultados.

LA TECNOLOGÍA AL SERVICIO DEL EVANGELIO ES MUY ÚTIL PERO NO PUEDE SUSTITUR AL MENSAJE

En una ocasión en que mi esposa se fue de viaje, me dejó recetas para que les hiciera de comer a nuestras hijas. Lo único que hice fue seguir las instrucciones y el resultado fue maravilloso. No porque yo sea un buen cocinero, no, solo fue porque seguí las instrucciones paso a paso.

Así que no quiero omitir este paso, porque creo que es el paso más importante. Aun cuando echemos mano de la tecnología a nuestro alcance, nunca la tecnología puede tomar el lugar de lo más importante.

Necesitamos traer y abrir la Palabra.

Hoy en día, muchas iglesias van más allá de un micrófono para que una mayor cantidad de personas pueda escuchar. Utilizamos páginas de internet, apps, blogs, redes sociales y canales de video, por mencionar solo algunos, con el objetivo de llegar a más personas con el mensaje del evangelio. Y creo que está muy bien, la tecnología al servicio del evangelio es una herramienta muy útil, pero nunca puede sustituir al mensaje.

Hoy es muy fácil tener acceso a diccionarios, léxicos y comentarios a través de una aplicación de estudio de la Biblia; todo esto nos ayuda a profundizar más durante nuestro tiempo de preparación. Una de las herramientas que más me funciona a mí personalmente, es la posibilidad de adquirir un libro de manera electrónica en tan solo segundos. Quizás estás leyendo este libro en su versión digital, nuestra generación es muy bendecida al tener todas estas ventajas.

A la hora de entregar el mensaje, igualmente podemos hacer uso de la tecnología. Hay hermanos y hermanas que con su conocimiento técnico en multimedia nos ayudan a exponer mejor nuestro mensaje. De hecho, en el momento mismo de la enseñanza, el uso de pantallas para ilustrar el tema que estamos enseñando a través de videos es muy útil.

Las herramientas están a nuestro alcance; démosles un uso para la gloria de Dios.

Pero, nuevamente, ninguna de esas herramientas puede sustituir a la Palabra de Dios

El escritor de Hebreos lo pone en perspectiva:

"Porque la palabra de Dios es viva y eficaz, y más cortante que toda espada de dos filos; y penetra hasta partir el alma y el espíritu, las coyunturas y los tuétanos, y discierne los pensamientos y las intenciones del corazón". (Hebreos 4:12 RVR60)

Su Palabra no solo es viva, sino que tiene la capacidad de dar vida. Es eficaz, es poderosa para transformar vidas porque hace lo que nada ni nadie más puede hacer. Una espada de dos filos es un arma que no solo es poderosa cuando entra, también hace daño cuando sale, y el autor de Hebreos nos dice que su Palabra es aún más cortante que toda espada de dos filos. Penetra hasta lo más profundo, y entonces señala dos partes del cuerpo que no es común que nadie vea: las coyunturas. Son las articulaciones, el lugar donde se unen dos huesos; y el tuétano, siendo la parte interna del hueso, es un lugar muy complicado para llegar. ¡Físicamente un cirujano necesita un taladro para llegar allí!

La Palabra tiene la capacidad de llegar hasta lo más profundo. Podríamos pensar que una producción audiovisual puede llegar a emocionarnos e incluso llevarnos a las lágrimas, pero nunca podría llegar tan profundo como la Palabra.

Tiene la capacidad de examinarnos y de tomar nuestros pensamientos e intenciones, con las que decidimos cada cosa en nuestras vidas, y separarlas de modo tal que nos diga si están bien o mal nuestras acciones. Pone al descubierto el centro que gobierna nuestro andar.

LA PALABRA PONE AL DESCUBIERTO EL CENTRO QUE GOBIERNA NUESTRO ANDAR

Me recuerda la reacción de aquellos que escucharon el primer sermón que predicó Pedro. Siendo uno de los discípulos más cercanos a Jesús, y apareciendo regularmente en el relato del evangelio, sabemos que Pedro era un hombre impulsivo, decidido, que en ocasiones abría su boca y decía cosas maravillosas, pero otras veces la abría sin pensar y poniendo sus ojos en lo terrenal decía cosas que hubiera querido no decir. Pero en Hechos 2 nos damos cuenta de que es un nuevo Pedro el que habla, un hombre controlado por el Espíritu Santo, lleno de Él, y que cuando habla su boca está llena de la Escritura.

Pedro, haciendo un recorrido por la Palabra de Dios, y tomando porciones de los profetas y del libro de los Salmos, predica el evangelio. Qué maravilloso es ver que Pedro, al utilizar el Antiguo Testamento, habla de quién es Jesús y de lo que vino a hacer por nosotros.

¿Cómo reaccionan los que le escuchan?

"Aquellas palabras de Pedro los conmovieron tan profundamente que le dijeron al propio Pedro y a los demás apóstoles: –Hermanos, ¿qué debemos hacer?" (Hechos 2:37)

No eran las palabras de Pedro, era la Palabra de Dios, que siendo más cortante que espada de dos filos penetró hasta lo más profundo; no solo los atravesó, les hizo considerar su proceder respecto a Jesús. Les hizo meditar y preguntar: ¿qué debemos hacer? Ese es el poder de la Palabra, que no tiene sustituto.

Yo he decidido subir con la Palabra de Dios en mis manos, llevar un libro, el Libro. A mí me ayuda a saber que lo que estoy por decir proviene de Él, que su Palabra es lo que necesitan, no mis palabras, no mis opiniones. Yo personalmente no utilizo una tablet o algún otro medio electrónico para enseñar, y es porque una vez, en una boda, el sol estaba demasiado fuerte e hizo que la tablet que llevaba se calentara demasiado, y no logré encenderla. En ese momento pensé: ¡esto no le hubiera sucedido a mi libreta de notas!

No tengo nada en contra de aquel que lo hace pero yo le diría a esa persona: asegúrate de que los que te escuchan sepan que lo que estás leyendo es la Palabra de Dios.

Cuando subes con la Biblia, ellos pueden ver que lees de ella, que es su Palabra la que estás a punto de explicar.

Pienso que es triste cuando un predicador sube y no predica la Palabra, leyéndola claramente y explicando su sentido. Cuando no tiene una Biblia en la mano. Pero creo que es igualmente triste, o quizás más, cuando el predicador sube con la Palabra en la mano y no la abre.

Es tan importante traer el Libro, como abrir el Libro a la vista de todos.

LOS LEVITAS

Al observar este mismo pasaje, me llaman la atención aquellos que están encima de esa plataforma junto a Esdras. Hombres de los cuales tenemos sus nombres, trece hombres. En este versículo no se nos dice cuál es su función. Un poco más adelante, en el verso 7, se mencionan otros hombres y nos dice lo que hacían:

"Y los levitas Jesúa, Bani, Serebías, Jamín, Acub, Sabetai, Hodías, Maasías, Kelita, Azarías, Jozabed, Hanán y Pelaía, hacían entender al pueblo la ley; y el pueblo estaba atento en su lugar". (Nehemías 8:7)

Muy probablemente tenían la misma función que estos hombres: hacer entender al pueblo la ley. Necesitamos hombres así en nuestras iglesias. Capacitados para ayudar a la iglesia a conocer a Dios y conocer su voluntad para sus vidas.

Seguramente eran hombres cercanos a Esdras, que, así como Esdras, estaban llamados a la enseñanza de la ley. Siendo levitas tenían esta tarea de enseñar la ley al pueblo (Levítico 10:11). El profeta Malaquías nos recuerda que es de la boca de ellos que el pueblo busca la ley; los llama mensajeros de Jehová de los ejércitos (Malaquías 2:7)

De los hombres que están mencionados en esos dos versículos, solo los volvemos a ver mencionados en otras listas, en la lista de personas que reconstruyeron los muros, en la lista de aquellos que vinieron a confesar pecados después de escuchar la ley de Moisés, y en la lista de aquellos que hicieron un compromiso de guardar y cumplir todos los mandamientos, decretos y estatutos de Dios.

¿Habrán participado ellos en construir la misma plataforma sobre la que estaban acompañando a Esdras? No lo sé, podrían haber participado. Pero su labor primordial, la más importante, era enseñar la ley al pueblo.

Pablo le dice a Timoteo:

"Lo que me has oído decir en presencia de muchos, enséñalo a creyentes de confianza que, a su vez, lo puedan enseñar a otros". (2 Timoteo 2:2)

Timoteo tenía esta tarea que también nosotros tenemos. Es una tarea que requiere esfuerzo, tiempo y dedicación, pero que es una bendición muy grande para la iglesia. Más grande que cualquier herramienta que pudiéramos adquirir.

La plataforma no es más importante que lo que está encima de ella y entre el pueblo. Esos hombres que pueden enseñar a otros son más esenciales que tener una pantalla encima del escenario.

No es una tarea fácil, porque requiere de tiempo.

Tiempo que tienes que apartar para enseñarles, pero también tiempo que tienes que apartar para conocerlos. ¿Cómo saber que un creyente es de confianza? Solamente pasando tiempo con él, viendo su caminar en el evangelio, la relación que tiene con su familia y amigos, viendo su manera de reaccionar ante las pruebas, la manera en que resuelve conflictos, e incluso dándole pequeñas responsabilidades y viendo cómo las lleva a cabo.

Pero también necesitas dejar pasar el tiempo; es solo con el paso del tiempo que podrás ver su fidelidad e identificar aptitudes y, sobre todo, dones espirituales.

No es una tarea fácil, requiere de esfuerzo.

Esfuerzo porque ya de por sí tenemos muchas cosas para hacer, entre preparar el mensaje, discipular a nuevos creyentes, recibir a hermanos que necesitan un consejo, reuniones de planeación, actividades familiares, etc... Necesitas buscar un momento para tan solo enseñar aquello que tú recibiste. Pablo le dice a Timoteo: "lo que me has oído decir...".

Agradezco a mi pastor por el esfuerzo que hizo al comienzo al enseñarme a mí y a mi esposa, y después por tomarse el tiempo para enseñarnos a enseñar la Palabra junto a otros hombres.

Cuando comenzó a discipularnos lo hizo a través de las cartas pastorales (1 y 2 Timoteo, Tito y Filemón). En ese tiempo, tenía a sus cinco hijos pequeños y su esposa Gaby dirigía el grupo de alabanza; grababa discos, pastoreaba Semilla de Mostaza en México y estaba planeando otra iglesia en Cuernavaca.

No es una tarea fácil, porque requiere de dedicación.

Creo que por eso Pablo le escribió a Timoteo lo siguiente:

"Soporta los sufrimientos junto con nosotros como buen soldado de Jesucristo. No te enredes en los asuntos de esta vida, porque ello no agradaría al que te tomó por soldado. De la misma manera, el atleta obedece las reglas del deporte si no quiere ser descalificado y perder el premio. También el agricultor: trabaja duro para recibir primero parte de la cosecha. Medita en esto que te digo, y que el Señor te ayude a comprenderlo". (2 Timoteo 2:3-7)

Levantar a otros hombres para el ministerio no es fácil, pero Pablo parece recordarle su llamado. Al utilizar tres ilustraciones, nos queda claro lo que se requiere para llevar a cabo esta tarea.

Pablo presenta estas tres imágenes: Un soldado, un atleta y un agricultor.

Timoteo, eres un soldado de Jesucristo, estamos en una batalla. El ministerio no es un área de descanso, es un área de combate. Habrá sufrimientos, sacrificios, asuntos que requerirán de tu tiempo. La manera de agradar a aquel que te tomó por soldado es no enredándote en aquellas cosas temporales que te dejan insatisfecho; enfócate en lo eterno.

Timoteo, estás en una carrera, y ya comenzó. No es el momento de quedarse en la orilla, es momento de avanzar, de seguir adelante. Hay reglas y tienes que correr de acuerdo a ellas; yo mismo no quiero ser descalificado, hay un premio adelante. Levanta la mirada, que nuestro Señor Jesucristo nos espera en la meta, Él es nuestra meta.

Timoteo, habrá que levantarse temprano, salir al campo, resistir el sol, mancharte las manos. Sembrar semillas con la esperanza de que llegue la lluvia, y en su momento regresar y recibir el fruto de la cosecha.

Timoteo... el Señor te ayudará a comprenderlo.

Mientras Esdras comienza a desenrollar el libro y con sus ojos empieza a vislumbrar las primeras palabras de la ley de Moisés, me imagino a esos hombres que lo flanquean poniendo su mirada en las manos de Esdras; quizás algunos de ellos, emocionados, tienen que secarse las lágrimas. Se cruzan sus miradas de lado a lado de esa plataforma, y cuando recuerdan que están frente al pueblo, al bajar la mirada encuentran cientos de hombres y mujeres de pie, mirando el libro al momento en que Esdras dice: *"devarim"*.

Trae el Libro, abre el Libro y enseña el Libro. Usa la tecnología.

05
ADORACIÓN A DIOS

*"Entonces Esdras bendijo al Señor, el gran Dios, y todo el pueblo dijo: «¡Amén!», y levantaron las manos al cielo. Luego se arrodillaron y **adoraron al Señor**, inclinándose hasta tocar el suelo con la frente".* Nehemías 8:6 RVR60

Cuando era niño nunca tuve una mascota. Teníamos dos perros pero no eran mascotas, más bien eran perros guardianes. Creo que no entendí lo que es tener una mascota hasta años después, cuando tuvimos a Milo, un Pomerania.

Yo no quería un perro faldero, pero cuando tienes tres hijas y se juntan con tu esposa para decidir qué perro tener, ganan por mayoría. Era una mascota muy consentida por todos, pero el que lo sacaba a pasear era solamente yo. Le ponía su correa y salíamos; le encantaba y, por supuesto, era necesario. Vivíamos en un departamento.

Me dieron dos clases sobre cómo educarlo y fueron suficientes. Era un perro muy obediente, se detenía cuando yo se lo indicaba y avanzaba solo si se lo permitía. Nunca dejó de tener cara de cachorro y se ganaba a todos cuando nos deteníamos en la esquina de la calle.

A mí me ganaba cada mañana. Recién despierto, caminaba hacia la cocina y Milo me acompañaba justo a mi lado, sin adelantarse ni quedarse atrás. Sin la correa, él me obedecía, se detenía cuando yo me detenía y solo avanzaba si yo lo hacía.

Milo se murió hace un par de años, pero llegó Coco, mi gato/perro. Así le digo, porque es un gato que se cree perro. Cuando le llamo, viene. Cuando mis hijas le lanzan una liga para el cabello, va por ella y se las trae para que se la vuelvan a lanzar. Es un gato/perro.

Pero donde me gana a mí, es cada mañana. Cuando voy camino a la cocina, él me sigue, se mete entre mis pies mientras camino. Cuando comienzo a moler el café se restriega en mis tobillos ronroneando. Literalmente me regala los primeros minutos de la mañana, son míos. Hasta parece como si quisiera decirme algo; si lo cargo solo se me queda viendo y solo se escucha el motor trabajando dentro de él.

Quizás podrías decir que tuve "suerte" con mis mascotas, que es difícil que se comporten tan bien los animales. O quizás podrías decir que soy bueno educándolos y dándome ese lugar de "alfa" en sus diminutas vidas, pero tampoco es que a mis mascotas las esté corrigiendo o consintiendo todo el tiempo.

Lo que yo creo es que Dios me regaló una ilustración diaria de lo que él quiere de mí cada mañana. Dios quiere que le regale los primeros minutos de cada día; creo que es la manera en que me recuerda que esos minutos son suyos.

Dios quiere que vivamos una vida de adoración, de entrega, que mientras le conocemos a través de su Palabra, tengamos la capacidad de identificar cuándo detenernos y cuando avanzar, a su ritmo, de la manera que Él quiere.

JEHOVÁ, DIOS GRANDE

Cuando ya estaba todo preparado, Esdras subió a esa plataforma desde donde se disponía a leer el libro de la ley de Moisés. Los muros ya estaban reconstruidos, ya no había amenazas de los enemigos, estaban seguros. Qué diferencia con unos meses atrás, incluso con unos días atrás. Con los muros destruidos no había manera de hacer lo que estaban a punto de hacer; durante la reconstrucción, tampoco.

Esdras comienza con una bendición.

-¡Bendito seas Señor! ¡Dios grande!

No sé si lo gritó, si lo hizo con emoción o con mucha reverencia y temor. Sin duda creo que había silencio, como si todos estuvieran esperando cuáles iban a ser sus primeras palabras. Me imagino familias juntas, tomadas de las manos. Esas mismas manos que tiempo atrás eran abiertas a la fuerza cuando el enemigo les arrebataba lo poco que tenían; esas mismas manos que comenzaron a maltratarse mientras tomaban la pala y colocaban las piedras para levantar los muros; esas mismas manos que, apretadas y casi entumecidas, sostenían la espada con coraje al sentirse amenazados, mientras con la otra seguían reedificando.

> **DIOS QUIERE QUE TENGAMOS LA CAPACIDAD DE IDENTIFICAR CUÁNDO DETENERNOS Y CUÁNDO AVANZAR, A SU RITMO**

Ahora están tomados de las manos y observando a Esdras subir al púlpito de madera que fue construido para este momento, rodeado de los levitas, seis a su derecha y siete a su izquierda.

Están ahí, hambrientos y sedientos de escuchar la Palabra, con lágrimas en los ojos al verse rodeados de la gracia de Dios. No había duda: había sido su mano, su poderosa mano, la que los había llevado como niños pequeños a este lugar. Años de vergüenza habían quedado atrás, años de oprobio, de burlas. Como un solo hombre, este pueblo tiene ahora sus ojos fijos en Esdras y en el libro que trae consigo.

Si miraban hacia la puerta de las Aguas, iban a encontrar, a cada lado, el muro fuerte y sólido que mantenía a los enemigos afuera, esos enemigos que se burlaban diciendo que si una zorra se subía al muro seguro lo derribaba.

Entre los levitas, no siendo parte de ellos, estaba Nehemías, el gobernador. Creo que mientras miraba al pueblo reunido debe haber estado lleno de gozo. Su corazón se había abatido seis meses atrás, cuando había escuchado a su hermano decir que el pueblo en Jerusalén estaba sufriendo grandes males y humillaciones. Le había dolido tanto escuchar esas palabras que había dejado de comer y había ayunado durante cuatro meses mientras oraba y lloraba. Ahora ese tiempo había quedado atrás.

Esdras sube, abrió su boca y bendijo al Señor, Dios grande. Y el pueblo respondió:

"¡Amén! ¡Amén!".

Qué momento tan sublime, tan precioso. Qué bello es estar en un ambiente de adoración. Qué terrible es estar en casa, a solas, y rendirte ante Dios por completo. Utilizo la palabra terrible en el sentido de gran reverencia, de ese temor limpio que permanece para siempre.

En el libro de Esdras tenemos sus palabras en el templo reconstruido, a la hora de ofrecer el holocausto:

"'Pero ahora, por breve instante, tú has tenido misericordia de nosotros al permitir que algunos de nosotros regresemos a Jerusalén. Nos has dado un momento de gozo y una nueva vida en medio de nuestra esclavitud. Porque éramos esclavos, pero por tu amor y tu misericordia no nos has abandonado. Antes al contrario, hiciste que los reyes de Persia fueran bondadosos con nosotros. Tan así es que nos han ayudado a reconstruir

el templo de nuestro Dios y nos han dado una muralla protectora en Judá y Jerusalén". (Esdras 9:8-9)

La adoración brota por la misericordia de Dios, por recibir de Él una nueva vida en medio de nuestro peregrinaje en esta tierra.

¿Y dónde podremos aprender acerca de esto? ¿Dónde encontramos testimonio de su mano poderosa, de la misericordia hacia su pueblo? ¿Dónde hallaremos un testimonio de la libertad que puede Él traer a nuestras vidas?

EL SUELO QUE PISO

Cuando Dios llegó a mi vida, llegó para voltearla de cabeza. Escuchar el evangelio para mí fue como un vaso de agua fresca en medio de un desierto, pero a la vez como una fogata inextinguible en pleno invierno. Nunca había entendido que su amor por mí existía aun a pesar de mi pecado. Crecí creyendo que si me portaba mal, Dios estaba enojado conmigo, y si quería me aplastaría con su pulgar desde el cielo. Viví mi adolescencia sintiéndome condenado por no poder vivir como se suponía que debía hacerlo, hasta que me cansé y me resigné a que si iba a ser el infierno el lugar donde pagaría por mis pecados, ¡que así fuera!

Así que cuando escuché que Él me amaba, me rendí. Comencé a ir en Monterrey a una congregación bastante grande, donde podía pasar desapercibido, o eso creía yo. Justo en ese tiempo, como ya dije, pertenecía al grupo de rap más famoso de mi ciudad y, sin temor a equivocarme, el más famoso de México. Cuando anunciaron un concierto de Marcos Witt un domingo por la tarde, fui pero me ubiqué en la última fila, donde nadie me iba a ver, porque me la pasaba llorando como un niño.

EL SUELO QUE PISABA SE CONVIRTIÓ EN MI LUGAR DE ADORACIÓN

Reunión tras reunión se iba diluyendo mi vergüenza de sentarme con mis manos en el rostro durante el tiempo de alabanza. Pasé a estar de pie y a levantar mis manos, hasta que el suelo que pisaba se convirtió en mi lugar de adoración. Ese lugar se convirtió en cualquier lugar donde escuchara una canción de adoración. Mi esposa y yo teníamos aquel Chevy muy chiquito, sin radio. Eso nos obligaba a cantar. Al salir de la reunión cada domingo, y de camino a Cuernavaca, nos la pasábamos cantando aquellas canciones que habíamos escuchado en la reunión.

Luego, siendo cercano a Héctor, me pedía que hiciera la lista de canciones para cantar en el tiempo de alabanza y escogía las que a mí me gustaban, más bien las canciones con las que yo más me identificaba, solo para estar a un lado de la plataforma simplemente llorando.

Recuerdo lo que un día mi pastor me dijo: "La adoración es como los pajaritos cuando toman agua, agachan el pico y luego levantan su rostro al cielo. Así somos nosotros, primero leemos la Palabra, le conocemos, y después respondemos en adoración, levantando nuestras voces al cielo".

"Como ven ustedes, si amamos a Dios es porque él nos amó primero".
(1 Juan 4:19)

Estaba escribiendo canciones junto con Héctor en ese entonces, y en una de ellas, que se llama Abba Padre, Héctor la terminó con una especie de coro para concluir la canción que decía: "Yo solo respondo a Él, porque Él me amó primero".

Es justamente eso; mientras más le conocemos, más respondemos con asombro y alabanza. Nuestra adoración es solo una respuesta a la revelación de su amor y gracia. Nuestra adoración se alimenta de lo que nos revela la Palabra. Nuestra incapacidad, nuestra necesidad, nuestra rebeldía, se encuentran con su poder, sus recursos, su aliento, su gracia, su majestad, y sobre todo su paciencia.

Pablo al escribir a los Colosenses les dijo:

"La palabra de Cristo more en abundancia en vosotros, enseñándoos y exhortándoos unos a otros en toda sabiduría, cantando con gracia en vuestros corazones al Señor con salmos e himnos y cánticos espirituales. Y todo lo que hacéis, sea de palabra o de hecho, hacedlo todo en el nombre del Señor Jesús, dando gracias a Dios Padre por medio de él". (Colosenses 3:16-17 RVR60)

Una de las respuestas que se espera de los creyentes cuando la Palabra de Cristo mora en abundancia en nosotros es la adoración; su gracia inundando nuestro corazón traerá esa necesidad de levantar nuestra voz, de cantar. Y esto se expande a nuestro actuar en todo lo que hacemos; la adoración no se limita a lo que decimos. Vivir vidas llenas de gratitud, haciendo todo en el nombre del Señor Jesús es parte de nuestra adoración.

NUESTRA ADORACIÓN SE ALIMENTA DE LO QUE NOS REVELA LA PALABRA

¿Cuánto será suficiente para llegar a esa medida "en abundancia"? ¿Cómo lograr que la Palabra de Cristo more en aquellos que me escuchan durante la enseñanza?

Cuando alguien hace morada en un lugar, quiere decir que llegó para quedarse, que se establece en ese lugar como si fuera su propia casa, no es una persona que solo está de paso, que solo está transitando por el lugar. Hay una gran diferencia cuando hacemos un viaje corto de vacaciones a cuando nos mudamos de residencia. Su Palabra necesita hacer residencia en nuestra vida. ¿Cómo se podría lograr esto?

Haciendo que su Palabra no solo llegue a los oídos de las personas, sino poniendo el sentido de manera tal que llegue a su mente y a su corazón, dándoles ejemplos prácticos de cómo llevar a la vida diaria la enseñanza. La enseñanza expositiva me ayuda en esta tarea.

Sería triste que a una persona que fue a la iglesia por la mañana le preguten por la tarde acerca de la enseñanza que escuchó y no pueda decir de qué se trató. Es común al hacer esta pregunta que la respuesta sea algo así:

–Estuvo increíble el servicio de mi iglesia, Dios me habló mucho.

–¿De qué habló el pastor?

–Dijo que… habló acerca de… cuando Dios hizo… La verdad es que no me acuerdo, pero fue de mucha bendición, sobre todo la alabanza fue maravillosa.

La enseñanza fue transitoria, quizás fue emocional, pero no encontró lugar para quedarse.

Es necesario contribuir para que la Palabra more en abundancia en nuestras iglesias. Tener un programa de enseñanza definido, ya sea enseñar un libro completo o incluso una sección completa. Hay tanta variedad en la Escritura que no tendría por qué volverse algo monótono. Hay libros históricos que nos dan mucha enseñanza práctica para nuestras vidas, hay libros poéticos donde podemos observar el dolor, la confusión, la duda o incluso la fe de aquellos que los escribieron. Hay libros proféticos que nos invitan a mirar más allá de nuestro tiempo hacia la esperanza que Cristo tiene reservada para nosotros.

"Porque el Predicador no sólo era un sabio, sino un buen maestro; no sólo enseñaba al pueblo, sino que lo hacía de modo interesante. Las palabras del sabio son como aguijones que mueven a la acción. Destacan importantes enseñanzas. Los alumnos que captan lo que sus maestros dicen son listos". (Eclesiastés 12:10-11)

Sigamos el ejemplo del Predicador, hagamos de nuestra enseñanza no solo algo emocional que mueve a las personas en el momento. Qué importante es darles aguijones de donde sostenerse durante la semana o, por qué no, durante meses; enseñanzas que muevan sus vidas.

Recuerda que la adoración no es algo que sucede exclusivamente en una reunión de domingo o en un evento especial. Adoración es una vida entregada al Señor, y sucede en casa, en el trabajo, en la escuela. Es hacer todo en el nombre del Señor, es tener un corazón lleno de gratitud por todo, en todo lugar y en toda circunstancia.

Sin duda su Palabra morando en nosotros provoca una respuesta en nuestras vidas.

El pastor David Guzik, en su comentario de este pasaje dice así: "Acción de gracias, oración y adoración son una buena medida de cómo el Espíritu de Dios y la Palabra de Dios están actuando en nosotros".

En Efesios, Pablo nos habla de los mismos resultados, pero el agente que lo provoca es otro; mira:

"No os embriaguéis con vino, en lo cual hay disolución; antes bien sed llenos del Espíritu, hablando entre vosotros con salmos, con himnos y cánticos espirituales, cantando y alabando al Señor en vuestros corazones; dando siempre gracias por todo al Dios y Padre, en el nombre de nuestro Señor Jesucristo". (Efesios 5:18-20 RVR60)

Ser lleno del Espíritu trae como resultado estas tres cosas: acción de gracias, oración y adoración.

Necesitamos enseñar fielmente la Palabra, y confiar en la obra del Espíritu Santo en aquellos que escuchan la enseñanza.

¡AMÉN! ¡AMÉN!

Cuando Esdras bendijo al Señor, no solo respondieron de esta manera. Pareciera que son dos posiciones las que adoptan al adorar. La primera, levantaron las manos. Siempre levantar las manos es un símbolo de rendición. Cuando uno se rinde levanta las manos para mostrar que no hay nada en nuestras manos, lo hemos soltado todo. Cuando uno levanta las manos reconoce que está necesitado, que necesita ser levantado por Dios.

La segunda es que se arrodillaron, inclinándose hasta tocar el suelo con la frente, reconociendo que estaban frente a alguien que merece todo honor y gloria, una reverencia que se muestra con el cuerpo.

La Biblia no presenta una sola forma de adorar a Dios, y en el libro de Daniel se observa a este profeta arrodillándose al orar tres veces al día (Daniel 6:10). A Jesús lo vemos orando a su Padre, levantando sus ojos al cielo. (Juan 17:1). Leemos a Pablo invitándonos a orar alzando las manos ante Dios (1 Timoteo 2:8).

Creo que fue una reacción muy natural la que el pueblo tuvo. No creo que Esdras les haya indicado qué hacer, tan solo respondieron en adoración.

Que la revelación constante de su gracia y amor a través de su Palabra nos mueva, nos haga responder de manera muy natural al adorarle. Que otros puedan ver que nuestra mayor pasión no es un momento de adoración acompañando a un grupo sobre un escenario, sino que nuestra pasión es nuestro Dios, al que deseamos adorar en todo momento y en todo lugar.

En ocasiones he escuchado decir que aquellos que hacemos tanto énfasis en enseñar la Biblia verso a verso, que le damos tanta importancia a su enseñanza terminamos siendo unos bibliólatras, como si termináramos adorando a la Biblia. Pero no, creo que eso está muy alejado de la realidad. Vamos a la Palabra porque el mismo Jesús nos invitó a escudriñar las Escrituras, Él nos da una razón al decir: "Porque ella da testimonio de mí". La Palabra da testimonio de Jesús, del Verbo hecho carne que habitó entre nosotros, nos guía al Señor, y terminamos no adorando las letras y el papel, sino adorando a Aquel que con su misma voz hizo los cielos y la tierra. Adoramos a nuestro Dios revelado en las Escrituras.

Warren Wiersbe dice en su libro *Be Determined (Sé determinado):* "Ellos no adoraron el Libro; ellos adoraron al Señor quien les habló desde el Libro".[5]

Necesitamos confiar en el poder que tiene la Palabra de Dios para transformar vidas y llevar pecadores a convertirse en adoradores del Señor.

Qué emocionante es ver a un pueblo que antes tenía miedo de que el enemigo los invadiera, ahora levantando sus manos, postrándose ante Dios con seguridad. La Palabra reconstruye la vida de las personas, va tratando cada área de sus vidas, reparando y edificando, trayendo esa seguridad para que entonces, sin ningún miedo, pueda rendirse por completo en adoración.

RESCATADO

Al principio te contaba de mi gato/perro, Coco, cómo me regala los primeros minutos de cada día. No soy un experto en gatos, solo me gusta observar.

¿Sabes cómo llegó Coco a mi casa? Mi esposa vio una foto que un amigo publicó de una familia de gatos recién nacidos que estaban afuera de su casa; él estaba preguntando si alguien quería uno, ya que pronto irían por ellos y seguramente los iban a dormir. Un par de horas después estaba Coco en mi casa. Es un gato rescatado, literalmente lo salvamos de morir. Yo no sé si eso lo perciba el gato, sinceramente no lo creo.

Pero yo sí puedo entender que he sido rescatado por el Señor, fui rescatado por Él de la muerte. Creo que no sería suficiente darle nada más los primeros minutos de mi día. Necesito entregarle todo el día,

---

5- Warren Wiersbe, *Be Determined*. John C. Cook, 1992. Pág. 92

vivir cada día en adoración a Él. ¡Tengo libertad! ¡Puedo levantar mis manos y postrarme ante Él! Mi vida es suya.

Quiero aprender a avanzar y detenerme según su dirección en mi vida. Quiero que Él marque el paso, que me guíe mientras vivo para adorarlo, con seguridad y sin miedo.

06

PONER EL SENTIDO

*"Y leían en el libro de la ley de Dios claramente, y **ponían el sentido**, de modo que entendiesen la lectura".* Nehemías 8:8 RVR60

Mi papá es un hombre muy interesante, que creció luchando por superarse. Uno de los principios que dirigió su paternidad fue que nosotros tuviéramos lo que él no tuvo, una carrera, un título universitario. Lo logró con mis tres hermanas, pero no conmigo. Dejé la escuela de Medicina a un año de graduarme, por seguir mi sueño de hacer música.

Algo que mi papá hizo de niño fue sembrar. Su padre se dedicaba al campo. Mi abuelo se levantaba muy temprano y se llevaba a mi papá a hacer surcos, a sembrar la semilla. Creo que por esta razón mi papá tiene la afición de sembrar semillas y ver crecer a las pequeñas plantas hasta que se transforman en árboles frondosos. En un espacio de treinta metros cuadrados, en parte del garaje de su actual casa, quitó unos cuantos adoquines del piso y tiene árboles de lo que te imagines.

Cada árbol plantado en ese patio vino de la semilla de una fruta que él mismo se comió. Comienza sembrando la semilla en bolsas con tierra, las cuida y después las replanta en la tierra. Mi papá siempre tiene plantas para regalar. ¿Qué ha sembrado? Aguacate, limón, naranja, mandarina, guayaba, plátano, nopales, moringa, rosales, palmas, julietas, orégano, mejorana, romero, albahaca y zapote.

Creo que mi papá lo único que ha hecho es ser paciente y fiel en regar esas plantitas, para lo cual tiene un simple sistema de riego que consiste en botellas de dos litros llenas de agua con un pequeño agujero en el fondo, muy simple. Lo único que ha hecho es ser paciente y ver crecer esas pequeñas plantas hasta llegar a ser esos árboles gigantes. Porque en sí, cada semilla tiene el poder y la capacidad para hacer el resto, o sea, todo.

He llevado amigos a su casa, y todos salen sorprendidos al ver que todo lo que siembra, brota... a mí me ha dejado de sorprender, es mi papá.

EXPLICAR CON CLARIDAD

Esdras está listo. Como el púlpito de madera está en el lugar correcto, todos pueden tener sus ojos fijos en él; el pueblo está atento en el lugar, lo único que falta es comenzar.

En el versículo 8 del texto que estamos desarrollando, Nehemías capítulo 8, se describe lo que Esdras comenzó a leer.

Lo primero que hizo fue *leer claramente.*

Esdras estaba leyendo en voz alta y lo hacía de manera que se distinguiera lo que estaba leyendo.

No soy un experto en el idioma hebreo, pero quise asegurarme de que estas dos palabras estuvieran en la versión original, y así es. Hoy en día tenemos herramientas como los léxicos, ya sea físicamente en un libro o digitalmente en internet, y se pueden consultar.

Leer hace referencia a articular una palabra o mensaje específico. Una manera más sencilla de ponerlo es: leer en voz alta. Y la palabra "claramente" significa distinguir, declarar o aclarar.

Después le *ponía el sentido.*

Esdras no solo leía la porción sino tenía interés en que el pueblo entendiera el significado de lo que estaba leyendo. Es por eso que se toma el tiempo para explicar lo que estaban escuchando.

Al tener hoy tantas traducciones de la Biblia, podemos revisarlas y encontrar que en todas ellas se describe de la misma manera:

"...explicaban con claridad el significado de lo que se leía...". NTV

"...explicaron parte por parte lo que significa...". PDT

"...lo interpretaban...". NVI

"...explicando y aclarando el sentido...". RV2015

"...la lectura de la ley se hacía con mucha claridad, y se recalcaba todo el sentido...". RVC

"...y explicaban el sentido de los pasajes...". NBV

Esdras había sido enviado precisamente para hacer esto, él se había preparado para hacerlo, él estaba ahí para enseñar la ley de Dios al pueblo.

El objetivo que perseguía era que el pueblo pudiera entender lo que escuchaban, es ahí a donde él estaba apuntando. Esdras sabía que si ellos no comprendían lo que Dios les estaba mandando hacer, no podían responder a Dios.

En el versículo anterior se encuentra una lista de levitas que acompañaban a Esdras en esta tarea que estaba llevando a cabo; ellos también hacían entender al pueblo la ley. Al describir la escena de esta manera, algunos eruditos llegan a la conclusión de que estos hombres estaban distribuidos entre toda la gente que estaba congregada allí. Y probablemente Esdras leía y ellos, en medio de un grupo más pequeño, respondían las preguntas que se generaban al escuchar el texto.

Otros dicen que estaban traduciendo el texto. La ley de Dios estaba escrita en hebreo y los que estaban presentes en Jerusalén solo hablaban arameo, una lengua derivada del hebreo, y necesitaban explicar palabras que ellos no entendían.

Ya fuera que ellos estaban traduciendo lo que estaba en otro idioma, o simplemente explicándolo, lo importante era que el pueblo entendiera lo que se les enseñaba.

MI TAREA

Este versículo se ha convertido en un ejemplo de la forma en que enseñamos la Palabra de Dios en Semilla de Mostaza. Nuestro objetivo es el mismo: que las personas que acuden a la reunión salgan entendiendo lo que se les enseñó desde el púlpito.

Y de cierta manera, seguimos los mismos pasos. Primero leemos claramente la Palabra, y después la explicamos parte por parte, dándole sentido.

Qué importante es leer claramente cuando se trata de la Palabra de Dios; siempre me recuerda a los grupos en casa, cuando se lee la porción a estudiar. En este tipo de ambiente, siempre la idea es que todos participen. Muchas veces, por lograr eso, nos ponemos a leer el texto dividiéndolo entre los asistentes, un versículo cada uno.

Esto siempre es un riesgo, porque quizás el primero que lee lo hace muy bien, levantando la voz e incluso haciendo énfasis en las palabras que así lo necesitan, pero luego sigue otro que lee un poco más lento, para después pasar a la hermana que antes de leer lo que le toca, comienza explicando que ella no tiene la misma versión pero que de todos modos lo va a leer. Entonces todos comienzan a distraerse, porque lo que están leyendo no es lo que sus Biblias dicen, y no falta el que, a propósito o no, lee más de lo que se le pidió leer, entonces alguno le intenta interrumpir sin éxito y el último solo cierra su Biblia porque sabe que ya no le tocará leer nada.

NUESTRO OBJETIVO ES QUE LAS PERSONAS SALGAN ENTENDIENDO LO QUE SE LES ENSEÑÓ

Al final, nadie fue edificado con la lectura. Lo mejor hubiera sido darle la porción completa al primero, de esa manera todos hubieran disfrutado la lectura y sobre todo hubieran comenzado a entender lo que se está leyendo.

Aquellos que están continuamente enseñando la Palabra necesitan leerla con claridad, ya sea un pasaje completo o solo una porción, dándole los énfasis necesarios y sobre todo haciéndolo con el respeto que se merece.

Cuando Pablo le da instrucciones a Timoteo en su primera carta, le dice:

"Mientras llego, ocúpate en leer públicamente las Escrituras, en enseñar y en animar a los hermanos". (1 Timoteo 4:13)

La instrucción es muy clara, y sé que le pide esto por la escasez de copias de las Escrituras en su tiempo. Los discípulos no tenían su propia copia, así que existía la necesidad de leerla de manera pública, para que así todos los asistentes pudieran escucharla.

Pablo también le dice: ocúpate en enseñar.

Definitivamente, esta es nuestra tarea como ministros de la Palabra, enseñar, pero no solo enseñar, sino enseñar las Escrituras. Sabiendo que la Palabra tiene poder para transformar el corazón del ser humano, ¿qué más podríamos enseñar?

Recuerda que el pueblo estaba reunido no para escuchar la opinión de Esdras acerca de la reconstrucción del muro o la advertencia de Nehemías de no descuidar el mantenimiento del muro recién construido. No, estaban ahí para escuchar la enseñanza de la Palabra.

PREDICAR EXPOSITIVAMENTE

Algunos llaman a este tipo de enseñanza predicación expositiva, que básicamente es presentar una enseñanza extraída del pasaje escogido manteniendo el mensaje original dentro de su contexto.

Aun cuando hoy en día se hable de este tipo de predicación, tristemente no es la más común en nuestras iglesias.

Alistair Begg nos recuerda en su pequeño libro *Preaching for God's Glory (Predicando para la gloria de Dios),* lo que J.I. Parker sugirió: predicar es dejar al texto hablar. Después, Alistair exclama: "¡La correcta predicación de la Palabra de Dios es poderosa!" [6]

Para dejar al texto hablar, necesito conocer el texto, estudiarlo; si mi tarea es darle sentido a lo que estamos leyendo, antes de subirme al púlpito, necesito yo mismo haber entendido el sentido de la porción que voy a enseñar.

Necesito invertir tiempo estudiando, un buen método para hacerlo es el llamado "método inductivo". Este método es simplemente un método de estudio, utilizado en diferentes disciplinas, no solamente en el estudio de la Biblia. Resulta ser muy efectivo si lo que estoy buscando es sacar la enseñanza del mismo texto bíblico.

Lo contrario al método inductivo es el método deductivo. ¿En qué se diferencian?

---

6 Alistair Begg. *Preaching for God's Glory.* Crossway, 2010. Pág 11

El método inductivo busca recaudar toda la información posible para después identificar lo que nos está tratando de decir esa información. Pretende hacer que el texto, en este caso el de la Biblia, sea el que hable.

Por el contrario, el método deductivo parte de un principio general, muchas veces preconcebido, y lo convierte en una enseñanza particular. En el caso de la Biblia, pretende hacer que la ella apoye lo que yo quiero enseñar.

El método inductivo tiene tres pasos específicos: observar, interpretar y aplicar. Si nunca has usado este método, existen muchos recursos que te pueden ayudar a aprenderlo. Uno de los libros más recomendados para aprender este método es Interpretación Bíblica de Howard Hendriksen. El autor te lleva de la mano a aprender cómo estudiar la Biblia. Esto es esencial si quiero fielmente poner el sentido al texto que estoy enseñando.

> **AQUELLOS QUE ESTÁN CONTINUAMENTE ENSEÑANDO LA PALABRA NECESITAN LEERLA CON CLARIDAD**

De otra manera, podría caer en el error de enseñar algo que aprendí de alguien más, o de enseñar algo que yo quiero decir y tan solo apoyarlo con versículos.

Hay otras maneras en que se puede enseñar un pasaje, y creo que hay lugar para cada una de ellas. Hay momentos en que necesitamos tocar un tema en específico y podemos enseñarlo temáticamente, revisando lo que dice la Palabra acerca de ese tema en particular. Sin duda, esta manera de enseñar también tiene que ser expositiva, dejando a la Biblia hablar sobre el tema.

En ocasiones, hemos enseñado una serie completa alrededor de un mismo tema. Por ejemplo, hace algún tiempo tuvimos una serie que llamamos "Temor de Dios", donde exploramos algunos pasajes específicos que nos enfocaban en ese tema, y esto era necesario no solo porque vivimos en una sociedad que no tiene temor de Dios, sino porque la misma iglesia necesita aprender acerca de esto, que es el principio de la sabiduría y me aparta del mal.

También se puede enseñar verso a verso, avanzando por la Palabra de Dios en grandes porciones que nos dan un panorama general de la historia de la redención que encontramos en la Palabra. Generalmente, comienzas en donde te quedaste y avanzas hasta donde puedas llegar.

Pero la predicación expositiva es más segura cuando quieres entregar fielmente el mensaje de Dios para nosotros.

Lo que no se debe hacer es leer un versículo, cerrar la Biblia y llenar el tiempo de enseñanza con anécdotas e historias que nada tienen que ver con lo que se leyó. Cuando se enseña de esta manera, es evidente que se tiene un mensaje que se quiere dar, y solo se usa la Palabra para apoyarlo. Ese tipo de enseñanza no proviene de la Palabra, es enseñanza de hombres y debemos mantenernos alejados de ella. ¿Te imaginas si Esdras hubiera subido a la plataforma y hubiera comenzado a hablar de él mismo? ¿O que Nehemías hubiera tomado la palabra para hablar acerca de lo difícil que había sido levantar cierta sección del muro?

Esdras, siendo fiel a su tarea como maestro de la Escritura, se mantuvo en el texto mientras le ponía sentido a lo que leía. Veremos más adelante que hasta podríamos identificar la sección de la ley que estaba leyendo, al ver el deseo en el pueblo de poner en práctica lo que habían aprendido.

El objetivo de Esdras fue alcanzado. Mira:

"Y todo el pueblo se fue a comer y a beber, y a obsequiar porciones, y a gozar de grande alegría, porque habían entendido las palabras que les habían enseñado". Nehemías 8:12 (RVR60)

Esta forma de enseñar la seguimos a través de cada libro de la Biblia, capítulo a capítulo, versículo a versículo. Esto ayuda mucho, porque las personas no solo entienden lo que está escrito sino que lo van aprendiendo dentro de su contexto.

Si expones de esta manera la Biblia, te alejas de la tentación de enseñar solo los temas que te gustan, porque te obligas a pasar por pasajes difíciles que raramente escogerías. Te quita la ansiedad de estar buscando qué enseñar, porque lo que vas a enseñar es el pasaje siguiente dentro del libro que estás enseñando.

NADIE ME LO HA EXPLICADO

En el inicio de la Iglesia, la persecución obligó a que hermanos de la iglesia de Jerusalén salieran a predicar el evangelio. Uno de ellos fue Felipe, un diácono. Este llegó a la ciudad de Samaria y comenzó a predicar, y el resultado fue sorprendente, la gente escuchaba con atención. Pero de pronto, Felipe es guiado por Dios a tomar el camino hacia el desierto donde tuvo un encuentro con un hombre de Etiopía que había ido a Jerusalén a adorar.

LA BIBLIA CUENTA UNA SOLA HISTORIA, LA HISTORIA DE LA REDENCIÓN. CADA PASAJE DE LA ESCRITURA APUNTA A ESTA HISTORIA

"En el viaje de regreso, el funcionario iba en su carroza leyendo el libro del profeta Isaías. «Da alcance a esa carroza —le dijo el Espíritu Santo a Felipe—, y acércate a ella». Felipe obedeció presuroso y, al acercarse, escuchó lo que el funcionario iba leyendo.—¿Entiendes eso que lees? —le preguntó. —¿Cómo lo voy a entender si nadie me lo ha explicado? —contestó. Entonces invitó a Felipe a que subiera a la carroza y se sentara con él. El pasaje de las Escrituras que estaba leyendo era el siguiente: «Como oveja a la muerte lo llevaron, y como cordero mudo ante los que lo

trasquilan, no abrió la boca. En su humillación, no se le hizo justicia. ¿Quién podrá hablar de su descendencia? porque arrancaron su vida de esta tierra».— ¿Hablaba el profeta de sí mismo o de otra persona? —le preguntó el eunuco a Felipe. Y Felipe, comenzando con ese mismo pasaje de la Escritura, se puso a hablarle de las buenas noticias acerca de Jesús. A un lado del camino encontraron agua. —¡Mira! ¡Aquí hay agua! —exclamó el funcionario—. ¿Por qué no me bautizas? —Siempre y cuando creas de corazón, no hay nada que lo impida —le dijo Felipe. —Creo que Jesucristo es el Hijo de Dios —respondió el eunuco. Detuvieron entonces la carroza, bajaron ambos al agua y Felipe lo bautizó. Al salir del agua, el Espíritu del Señor se llevó a Felipe y el funcionario ya no lo vio: Pero a pesar de esto, siguió gozoso su camino".
(Hechos 8:28-39)

Felipe le pregunta: "¿Entiendes eso que lees?".

Me encanta que Felipe le haga esa pregunta, sabiendo la importancia de entender lo que uno lee. Felipe sabe que este hombre necesita entender. La pregunta es respondida con otra pregunta de parte del Etíope.

"¿Cómo lo voy a entender si nadie me lo ha explicado?".

Creo que esta es una pregunta que necesitamos considerar en nuestros días, si es que acaso estoy preparado para responder, si estoy listo para explicar el texto que estoy enseñando.

Este hombre estaba buscando respuestas, claramente era un prosélito que había ido al templo en Jerusalén a adorar, pero aún estaba buscando respuestas. Hay muchos en nuestras congregaciones que van, están ahí, tienen el deseo de adorar a Dios, de conocerlo. Pero quizás aún no han entendido lo que están leyendo. Y Dios te tiene ahí, en el lugar preciso para responder su pregunta, como a Felipe.

Felipe toma el pasaje que está leyendo el etíope y a partir de ahí comienza a predicarle el evangelio. Las buenas nuevas acerca de Jesús.

La Biblia cuenta una sola historia, la historia de la redención. Cada pasaje de la Escritura apunta a esta historia.

El mismo Jesús se lo declaró a sus discípulos cuando se encontró con ellos habiendo resucitado. Mientras comía un pez asado, él les dijo: *"—Recuerden que cuando todavía estaba yo con ustedes, les decía que tenía que cumplirse todo lo que está escrito acerca de mí en la ley de Moisés, en los profetas y en los salmos". (Lucas 24:44)*

Así que Felipe aprovechó este anhelo que tenía el etíope por entender la Escritura y explicándole el pasaje le comenzó a predicar el evangelio. Lo llevó a la salvación que solo se encuentra en nuestro Señor Jesús. Su misma confesión nos asegura que este hombre cuando regresó a casa, cuando regresó a su trabajo como funcionario de la reina Candace, ya no era el mismo. Dios le había dado una vida nueva.

¿No es eso lo que buscamos? ¿No es eso a lo que Dios nos ha llamado?

Aquellos que me escuchan dándole sentido a la lectura, llevándolos al evangelio a partir de la Palabra, pueden regresar a casa transformados, llenos de gozo.

"Una de ellas, que se llamaba Lidia, era vendedora de púrpura en Tiatira, y ya desde antes adoraba a Dios. Mientras Lidia escuchaba, el Señor le abrió el corazón para que estuviera atenta a lo que Pablo decía". (Hechos 16:14)

Hagamos nuestra tarea fielmente, enseñemos su Palabra y oremos para que Dios abra el corazón de los que nos escuchan, para que estén atentos a lo que decimos. Es el deseo de Dios que entiendan, crean y se salven; tenemos en nuestras manos la semilla que es poderosa para hacerlo.

Que Dios nos permita ver mucho fruto, pero que nunca nos deje de sorprender, aun sabiendo lo que esa semilla puede hacer.

07

ARREPENTIMIENTO

*"Y Nehemías el gobernador, y el sacerdote Esdras, escriba, y los levitas que hacían entender al pueblo, dijeron a todo el pueblo: Día santo es a Jehová nuestro Dios; no os entristezcáis, ni lloréis; porque **todo el pueblo lloraba oyendo las palabras de la ley.** Luego les dijo: Id, comed grosuras, y bebed vino dulce, y enviad porciones a los que no tienen nada preparado; porque día santo es a nuestro Señor; no os entristezcáis, porque el gozo de Jehová es vuestra fuerza. Los levitas, pues, hacían callar a todo el pueblo, diciendo: Callad, porque es día santo, y no os entristezcáis. Y todo el pueblo se fue a comer y a beber, y a obsequiar porciones, y a gozar de grande alegría, porque **habían entendido las palabras que les habían enseñado".***
Nehemías 8:9-12 RVR60

Mientras yo lloraba, comencé a escuchar agua que corría, como si pasara un arroyo justo a un lado de la casa, era un sonido que no había escuchado en los últimos cuatro días. Tuve que contenerme un poco, y cuando pude abrir mis ojos note que estaba amaneciendo. Había sido una larga noche.

Estábamos en Chicago visitando a mis pastores; ellos se habían mudado a esta ciudad del "midwest" de Estados Unidos para plantar una iglesia para la comunidad latina que vive en esa zona. Ya los habíamos visitado durante los últimos tres años. Cada visita era un tiempo de refrigerio para nosotros, como matrimonio y como familia. En esos tres años habíamos vivido una transición en la iglesia. Habíamos recibido una iglesia de cerca de seiscientas personas de mano de nuestros pastores; éramos pastores nuevos enfrentando retos que nunca nos habíamos imaginado. Así que visitar a nuestros pastores nos daba la oportunidad de recuperar fuerzas, pero en esta ocasión los visitamos en invierno, lo que significaba temperaturas de 15 grados bajo cero y nieve por todos lados.

Ese año habíamos experimentado dificultades muy fuertes en el ministerio, y bastante desagradables. Era muy difícil entender para nosotros que personas a las que habíamos servido y amado comenzaran a hablar mal de nosotros a nuestras espaldas, y a tomar posiciones llenas de soberbia y orgullo. Y todo eso nos había cobrado la factura en nuestra relación como matrimonio.

No había una razón específica, pero yo había comenzado a subirle el tono de mi voz a mi esposa. Ni siquiera eran reclamos dirigidos a ella, ni mucho menos insultos. Pero como no podía resolver algunas cosas, en mi desesperación ese día le había gritado como nunca lo había hecho desde que estábamos casados.

Me sentía tan mal, no lo podía creer. Y más estando tan cerca de nuestros pastores. No sé, creo que todos queremos mostrar nuestro mejor lado a los pastores, y mi mejor lado se había escondido en medio de mi soberbia y orgullo.

Nos habían prestado la casa justo al lado de la suya, y cuando llegamos esa tarde estaba completamente oscuro; en época de invierno en esa zona oscurece alrededor de las 4:30 de la tarde. Todo estaba congelado, había estado nevando los últimos dos dias, pero ese día se había congelado todo.

Discutimos en el segundo piso, y bajé a la cocina y ya no pude más. Me tiré en el suelo con la Biblia abierta en el Salmo 51, y cada verso que leía me atravesaba el corazón. No podía creer cómo me había desviado, necesitaba del Señor, necesitaba su perdón. Pasé toda la noche orando y llorando; a través de los ventanales de la cocina solo se veía oscuridad.

Acercándose el amanecer, comencé a escuchar cómo corría agua, no sabía de dónde provenía el sonido, pero ya habían pasado horas desde que había comenzado a escucharse ese sonido. Esa noche lloré tanto que no recuerdo otra vez que me haya pasado lo mismo. Estaba arrepentido y no encontraba dónde esconderme más que en mi Biblia y en ese versículo:

"Crea en mí un corazón limpio, Dios, y renueva la rectitud de mi espíritu. Lo que quieres es un espíritu quebrantado. Al corazón quebrantado y contrito, Dios, no lo despreciarás tú".
(Salmo 51:10,17)

Cuando aclaró, pude ver lo que había estado sucediendo afuera durante la noche pero que la oscuridad había ocultado. Toda la nieve había desaparecido, se había descongelado todo.

DIOS ESTÁ ANHELANDO QUE EL HOMBRE REGRESE A ÉL

Sentí como si Dios me dijera: "Yo puedo derretir todo allá afuera y puedo derretir tu corazón si tú me lo entregas, si vienes quebrantado y roto. Yo puedo crear en ti un corazón limpio, yo puedo renovar la rectitud de tu espíritu".

Regresé a la habitación a contarle a mi esposa lo que había sucedido, a pedirle perdón. Dios me restauró.

TODO EL PUEBLO LLORABA

Mientras Esdras explicaba la ley de Moisés, dando sentido a lo que leía, el pueblo estaba muy atento mientras lo escuchaba. En el relato lo dice en tres ocasiones: *todo el pueblo estaba atento.*

El corazón de estos hombres y mujeres estaba dispuesto, tenían el deseo de escuchar, ¡fueron ellos mismos los que le pidieron a Esdras que trajera el libro! Pero también sabemos que fue Dios quien abrió sus corazones para que estuvieran atentos. No hay manera de sacar de la ecuación a Dios, Dios está por todos lados. Desde el momento en que Moisés recibe la ley en el monte Sinaí, desde que Esdras está preparando su corazón, desde Nehemías llorando y ayunando pidiendo a Dios por sus hermanos, desde el ánimo que puso en el pueblo para levantarse y reconstruir los muros, y hasta este momento, Dios tiene un anhelo y quiere que se cumpla.

"El Señor no demora el cumplimiento de su promesa, como algunos suponen. Más bien lo que quiere es que nadie se pierda, por lo que está alargando el plazo para que todos se arrepientan". (2 Pedro 3:9)

Este es el anhelo de Dios, lo que Él quiere es que nadie se pierda y es paciente, pues lo que quiere es que todos se arrepientan. Desde el principio, cuando el hombre pecó en el huerto del Edén y fue apartado de su presencia, Dios está anhelando que el hombre regrese a Él.

Y mientras Esdras enseña la Palabra y el pueblo la recibe, Dios está trabajando en su interior, trayendo el arrepentimiento que necesitan. Porque eso es lo que Dios anhela.

Y es tan evidente lo que sucede entre ellos que Nehemías se une a Esdras y a los escribas para animar al pueblo. ¿Qué estaban haciendo? Llorando, todo el pueblo lloraba oyendo las palabras de la ley.

Ironside dice: "Sus conciencias, habiendo sido despertadas, les mostraban cuán culpables eran ellos y sus padres por rehusarse a obedecer la Palabra de Dios". [7]

---

7 Ironside, Harry A. *Notes on the Books of Ezra, Nehemiah and Esther.* Createspace Independent Pub., 2014. Pág.128

La tristeza que sentían en esos momentos era expresada a través del llanto, al darse cuenta de que estaban expuestos completamente ante Dios por medio de su Palabra. Esta dejó al descubierto su corazón, para ver sus intenciones y pensamientos. No hay otra manera de responder que así, llorando.

"Dios a veces permite que nos vengan tristezas para impulsarnos a apartarnos del pecado y tener la salvación. Jamás debemos quejarnos de estas tristezas. Pero las tristezas del mundo sólo producen muerte". (2 Corintios 7:10)

Ellos estaban tristes, se han dado cuenta de lo que sus padres habían hecho; el lugar donde estaban reunidos, la ciudad de Jerusalén, es el lugar donde Dios había decidido hacer habitar su nombre. Es el lugar escogido por Dios para manifestar su presencia entre su pueblo. Salomón había erigido un templo majestuoso donde los sacerdotes servían a Dios presentando los sacrificios que los hacían estar en una correcta relación con Dios. Pero se habían alejado de la Palabra, habían permitido que otros dioses fueran adorados, no solo en Jerusalén, sino también dentro del mismo templo. Y aun con las advertencias que Dios les había hecho por medio de sus profetas, ellos continuaron en su pecado.

Esdras estaba leyendo el libro de la ley de Moisés, pero ¿qué porción de entre todos los escritos de Moisés habrá sido? Personalmente creo que estaba leyendo el libro de Deuteronomio. Ya dijimos que Deuteronomio significa la segunda ley, no porque haya una primera y una segunda sino porque este libro era una copia de la ley que Dios le había dado en Éxodo a Moisés, pero ahora estaba escrita para todos aquellos descendientes de los hombres y mujeres que salieron de Egipto, la generación que había nacido en el desierto y que estaba a punto de entrar a la tierra prometida.

Cuando comenzó a leer, los mandamientos se escuchaban fuerte y claro, las advertencias contra servir a otros dioses eran continuas.

Dios esperaba tener un pueblo santo, apartado para Él; después de todo, fue Dios quien los escogió siendo un pueblo insignificante, solamente porque los amó. Pero no solo había advertencias, había también listas de bendiciones por obedecer sus mandamientos; no eran enfermedades ni plagas. Tampoco enemigos sobre ellos; al contrario, ningún enemigo podría hacerles frente.

Pero si desobedecían, si decidían darle la espalda a Dios y se postraban ante otros dioses, Dios les advirtió que vendrían maldiciones sobre ellos. Y parecen incontables las consecuencias que llegarían sobre ellos. Solo quisiera resaltar una:

"Cautivo te enviará el Señor juntamente con el rey que elegiste, a una nación que ni tú ni tus antepasados tuvieron en cuenta, y mientras estés en el destierro, adorarás dioses de piedra y de madera". (Deuteronomio 28:36)

Muchos de los hombres y mujeres que estaban reunidos en esa plaza, habían regresado junto con Esdras algunos años atrás, habían salido de Persia donde estaban cautivos. Llevaban setenta años en lo que antes se conocía como Babilonia. El rey Nabucodonosor los había llevado allá y habían vivido en cautiverio.

¿Te imaginas darte cuenta de que lo que viviste por años resultó ser una consecuencia de desobedecer a Dios?

Podrían haberles echado la culpa a sus padres, pero ahora se dan cuenta: es la primera vez que están escuchando estas palabras, han vivido toda su vida lejos de la voluntad de Dios. Ellos mismos no han guardado la ley.

¿Te ha pasado? ¿Has estado sentado escuchando la Palabra y de pronto lo que está diciendo el pastor te deja al descubierto? Quisieras que fuera para otra persona lo que estas escuchando, pero sabes que es para ti. Y cuando descubres que le has fallado, que has pecado, esto produce en ti esa tristeza de la que habla Pablo a los Corintios.

Y es una tristeza distinta. Porque en el mundo hay tristeza, hay tristeza cuando las cosas no salen como esperabas, cuando no te llamaron del trabajo que creías era seguro que te lo iban a dar, cuando te entregan calificaciones en la escuela y no son buenas, etc. Pero esta tristeza es distinta. La tristeza del mundo produce muerte, pero la tristeza que viene de Dios nos lleva al arrepentimiento y a la salvación.

El mismo Pedro, que nos dijo que es Dios el que anhela que todos se arrepientan, vivió esto personalmente. Cuando Jesús fue arrestado en el huerto de los olivos, todos lo abandonaron, incluso él mismo, aun cuando había asegurado estar dispuesto a ir con Jesús hasta la muerte. Jesús no le agradeció su disposición, al contrario, le dijo que le iba a negar tres veces antes de que cantara el gallo.

Y Pedro lo hizo, negó conocer a Jesús mientras estaba calentándose en un fuego en el patio del sumo sacerdote. Qué difícil debe de haber sido para Pedro darse cuenta de lo que había hecho. Negar a aquel al que había asegurado no abandonar. En ese preciso momento, los ojos de Jesús y Pedro se encontraron, y él entonces se acordó. En Lucas 22:62 se describe así: *"Y Pedro salió de allí a llorar amargamente"*.

Pedro había llorado, había sentido esa tristeza. Esa tristeza que nos lleva al arrepentimiento para salvación.

El pueblo estaba llorando, pero Nehemías, Esdras y los levitas les decía: "Este es un día santo, este es un día especial que Dios apartó, no se entristezcan, no lloren".

Al seguir leyendo Deuteronomio encontramos una promesa de restauración que muy probablemente ellos no habían escuchado, y que en realidad ya estaban experimentando.

*"Cuando te hayan ocurrido todas estas cosas, las bendiciones y las maldiciones que te he enumerado, meditarás acerca de ellas en las naciones a donde el Señor tu Dios te habrá desterrado. Si entonces quisieras volverte al Señor tu Dios, y tú y tus hijos comenzaran de todo corazón a obedecer los mandamientos que te he dado en este día, **el Señor tu Dios te rescatará del cautiverio**. Él tendrá misericordia de ti y te recogerá de todas las naciones donde te haya esparcido. Aun cuando estés en el extremo de la tierra, él irá y te buscará para traerte de regreso a la tierra de tus antepasados. Poseerás nuevamente la tierra y él te hará bien y te multiplicará aún más que a tus antepasados. Dios limpiará tu corazón y el de los hijos de tus hijos, **para que ames al Señor tu Dios con toda tu mente y con todo tu ser**, e Israel vivirá nuevamente".* (Deuteronomio 30:1-6)

Me imagino cómo ellos van dándose cuenta poco a poco de que todo lo que vivieron era consecuencia de su pecado, pero que también el hecho de estar en Jerusalén, de ver la mano del Señor mientras reconstruían, era parte del plan de Dios; de cómo Dios no iba a abandonarles incluso cuando ellos le abandonaron. Darte cuenta de tu pecado puede ser devastador, el momento en que Dios abre tus ojos para ver quién eres en realidad es aplastante. Terminas en el piso, llorando.

Y también, darte cuenta de la bondad y misericordia de Dios, de su amor incondicional, un amor que va más allá de lo que imaginamos, puede ser igualmente abrumador.

Lloramos por nuestro pecado, y cuando estamos recuperándonos, nos damos cuenta de su gran amor y volvemos a llorar.

¡Qué promesa tan grande tenía Dios preparada para su pueblo!

El limpiará su corazón, limpiará el corazón de los hijos de sus hijos. Y lo hace con un propósito: que amen al Señor con toda su mente, con todo su ser. Aquello que no podían hacer ellos mismos, es Dios el que promete hacerlo en ellos. Estaban listos para vivir una nueva etapa, un nuevo comienzo, era el momento en que Israel viviría de nuevo.

GRAN ALEGRÍA

El pueblo sigue llorando, pero se les pide dejar la tristeza y el llanto, que vayan, coman, beban y compartan los alimentos con quien no tiene nada. Y el pueblo lo hizo.

Y todo cambia. Es increíble cómo de un versículo a otro en este relato, todo cambia. En un momento están llorando, en el siguiente gozan de gran alegría. ¿Cómo puede pasar una persona de sentir el peso de la culpa a sentir gozo? La única respuesta que encuentro es que ese peso que sentía le fue quitado. Jesús vino precisamente a eso. Aquella condena que sentimos por nuestro pecado él la quita, esa culpa y vergüenza que nos envuelve él la toma y se la lleva. Jesús fue avergonzado en la cruz para levantar nuestra cabeza.

"De modo que, si alguno está en Cristo, nueva criatura es; las cosas viejas pasaron; he aquí todas son hechas nuevas". (2 Corintios 5:17 RVR60)

Aquel que, arrepentido, deposita su confianza en Cristo, experimenta una transformación completa; es tan grande su transformación que la Biblia le llama un nuevo nacimiento. Somos nuevas criaturas, una nueva creación cuando confiamos en Él. Y todo aquello que nos llenaba de vergüenza queda atrás, porque Dios está haciendo nuevas todas las cosas.

TODOS ENFRENTAMOS AL MISMO DIOS: ALGUNOS SE ENDURECEN, OTROS SE DERRITEN

Este pueblo estaba experimentando una nueva etapa en sus vidas, estaba comenzando una restauración espiritual. Aquellos muros caídos, destruidos, no eran otra cosa sino el reflejo de sus vidas destruidas en lo profundo. Ver esos muros restaurados, levantados, era el reflejo de lo que Dios quería hacer ahora en ellos. El hace nuevas todas las cosas.

¿Cómo no gozarse?

Habían llorado escuchando las palabras de la ley, y ahora estaban gozando de gran alegría porque habían entendido las palabras que les habían enseñado.

Recordemos que la Palabra trae alegría al corazón. El Salmo 19:8 nos dice: "Los mandamientos de Jehová son rectos, que alegran el corazón". ¡Es cierto!

Qué hermoso es darnos cuenta de que la semilla de la Palabra comienza a traer mucho fruto, frutos de arrepentimiento, de salvación, en aquellos que estaban congregados en esa plaza.

"Por eso, no dejamos de dar gracias a Dios, pues cuando les predicamos la palabra de Dios, ustedes la oyeron y la aceptaron, no como si fuera palabra de hombres, sino como lo que realmente es: palabra de Dios. Y esta palabra los transforma a ustedes los creyentes". (1 Tesalonicenses 2:13)

¿Qué habrá significado para Esdras ver al pueblo gozar de gran alegría, ver el fruto de todo ese tiempo meditando en la Escritura, preparando su corazón? Aunque la tristeza les había inundado por un tiempo, ahora habían experimentado la bondad de Dios, sabían que Dios no había terminado con ellos, que el futuro estaba lleno de esperanza.

Habían escuchado y aceptado la Palabra que les había dado Esdras, no como palabra de hombres, sino como lo que realmente es: Palabra de Dios, y habían comenzado a vivir esta transformación que proviene de ella.

Dios sigue actuando en nuestros días por medio de su Palabra, Él quiere que todos los hombres sean salvos y vengan al conocimiento de la verdad. (1 Timoteo 2:3-4).

Esa noche fue todo distinto, esa noche hombres y mujeres se fueron a dormir sabiendo que su descanso estaba en Dios. Habían llorado su pecado, habían llorado amargamente, habían sido consolados por la misericordia eterna de Dios. El tiempo de comunión, comiendo y bebiendo, fue un tiempo de reencontrarse con Dios y seguramente entre ellos.

Mi pastor siempre usaba una ilustración para hablar de cómo Dios puede provocar efectos contrarios de acuerdo al corazón de cada persona. Dios es el mismo por siempre, su amor y su justicia van de la mano y nunca se separan. Cuando nos muestra su justicia y lo lejos que estamos de cumplir lo que Él espera, ¿de qué manera podemos reaccionar? Cuando Él nos muestra su amor sin ser nosotros dignos de su compasión, e incluso así Él está dispuesto a transformarnos, ¿cómo podemos reaccionar?

"El mismo sol que derrite la cera, endurece el barro", decía mi pastor.

Todos enfrentamos al mismo Dios y todos hemos visto cómo las personas reaccionan de maneras distintas; algunos se endurecen, otros se derriten.

"El que disimula su pecado no prosperará; pero el que lo confiesa y lo deja, obtendrá misericordia". (Proverbios 28:13)

Qué hermoso es saber que cuando vienes a Él y confiesas tu pecado, es decir, lo haces a un lado y te apartas, recibes misericordia.

La nieve de Chicago se derritió en pocas horas, el cambio de temperatura provocó que aquello que estaba cubierto por la nieve resurgiera; el jardín que estaba detrás de la casa y que se veía por los ventanales de la cocina, estaba ahora iluminado por el sol.

Mi corazón se derritió, aquellas cosas que estaban ocultas fueron descubiertas, dejándome expuesto. Recibir su misericordia una vez más es posible. Venir a Él es seguro. Él puede cambiar nuestra tristeza en un gozo indescriptible.

08
LA LLUVIA DE LA PALABRA

*"Al día siguiente **se reunieron** los cabezas de las familias de todo el pueblo, sacerdotes y levitas, a Esdras el escriba, **para entender las palabras de la ley"**.* Nehemías 8:13 RVR60

El agua brotaba como una fuente justo en medio del auditorio, levantaba la alfombra y comenzaba a esparcirse por todos lados. Era época de lluvia en la Ciudad de México y nos acabábamos de mudar a este nuevo lugar. La iglesia Semilla de Mostaza había estado por más de diez años rentando diferentes locales solo los domingos para nuestra reunión, y por primera vez nos habíamos mudado a un local, un lugar muy amplio. El auditorio era una bodega y tuvimos que hacer adecuaciones para que estuviera acondicionado para las reuniones.

Entre las cosas que instalamos fue una alfombra, cerca de 1000 metros cuadrados de alfombra, y mientras la veía empaparse solo pensaba en que se estaba echando a perder y que íbamos a tener que tirarla.

Estábamos en el auditorio esa tarde de sábado, íbamos a tener una actividad, pero el lugar se inundaba cada vez más. Brotaba agua rápidamente y en ese momento no encontramos ni solución ni razón de por qué estaba sucediendo esto.

Hermanos y hermanas de la iglesia llegaron de diferentes lugares a sacar el agua. Dejó de llover y dejó de salir agua, pero tendríamos que intentar secar lo que se pudiera para tener nuestra reunión al día siguiente, domingo.

Después de algunos días de estar revisando las instalaciones llegamos a identificar el problema: una de las cañerías estaba llena de basura. Al lado estaban construyendo torres de departamentos y caía mucha basura sobre el techo, y esta se filtró al sistema de tuberías e hizo que el agua de lluvia saliera hacia el sistema de drenaje.

El agua que brotaba en medio del auditorio era de lluvia y como le habían aplicado un producto a la alfombra cuando la instalaron, esta soltó un aroma perfumado. Fue un milagro que no se echara a perder y fue una lección que hasta hoy seguimos agradeciendo haber aprendido: siempre se deben mantener limpias las tuberías, no hay dejar que se acumule basura. No nos ha vuelto a suceder, gracias a Dios.

AL DÍA SIGUIENTE

El día anterior, el pueblo se había reunido para escuchar la enseñanza de la Palabra de boca de Esdras, junto con los levitas que lo acompañaban. Fue sorprendente, puesto que estuvieron leyendo la Palabra y dándole sentido desde el amanecer hasta el mediodía. Por lo menos seis horas habían pasado y la Palabra traspasó sus corazones a tal punto que lloraban habiéndola escuchado. El arrepentimiento se esparció en toda la comunidad, estaban presenciando el inicio de un avivamiento.

La Palabra estaba teniendo un efecto en sus corazones, en sus decisiones, y su efecto se extendería por varios días.

"Así como la lluvia y la nieve descienden del cielo y permanecen en la tierra para regarla, haciendo que la tierra dé grano y produzca semilla para el sembrador y pan para el hambriento, así es mi palabra. Yo la envío y siempre produce fruto. Realiza cuanto yo quiero y prospera en dondequiera la envíe". (Isaías 55:10-11)

Dios compara su Palabra con la lluvia y la nieve que descienden del cielo. Qué ilustración tan clara. La lluvia y la nieve son una bendición para el campo. En algunas regiones la nieve que se acumula en las cumbres de las montañas comienza a derretirse en la primavera y nutre ríos y arroyos que riegan los campos. El hombre sigue dependiendo aún hoy de la lluvia, y ha creado represas para retener el agua que alimenta a ciudades enteras.

Dice que su Palabra desciende del cielo, y claro, unos versículos más atrás en ese mismo capítulo de Isaías, el mismo Dios dice: mis pensamientos son radicalmente diferentes a los de ustedes, mis pensamientos comparados con tus pensamientos están tan distantes y son tan diferentes como lo es el cielo comparado con la tierra.

No hay palabras humanas que puedan reproducir lo que produce su Palabra. Es tan efectiva que desencadena todo un proceso desde el grano hasta que llega a saciar al hambriento. Siempre produce fruto. Siempre lleva a cabo la voluntad de Dios. Y su voluntad es muy clara: no quiere que nadie se pierda, quiere que todos se arrepientan; Él anhela que todos sean salvos y conozcan la Verdad.

Dios envió su Palabra sobre su pueblo y vamos a comenzar a ver su efecto inmediatamente. Esdras recibe al siguiente día a un grupo de personas, conformado por los cabezas de las familias de todo el pueblo, los sacerdotes y los levitas. Al parecer ¡alguien se levantó temprano hoy!

Como si hubieran estado en un letargo durante años, dormidos, ignorando la voluntad de Dios, su Palabra al parecer los despertó y quieren más. Observa cuál es la petición que le hacen todos estos hombres a Esdras: hemos venido para entender las palabras de la ley.

Ellos quieren conocer cuál es la voluntad de Dios, quieren entender lo que está escrito y en unos momentos nos daremos cuenta para qué quieren entender. No tuvieron suficiente con lo que aprendieron ayer, aun cuando el escucharla les hizo llorar, les reveló su pecado y la condición en la que estaban, lejos de Dios. Fue también su Palabra la que les alegró el corazón. Su Palabra ha producido fruto, y ese fruto no se limita solamente al llanto y el olor del día anterior; recordemos que la promesa de Jesús es que daría fruto al treinta, al sesenta y al ciento por uno.

¿Te imaginas que vayan a tocar la puerta a tu casa para que les enseñes la Palabra? ¿Que haya tal necesidad de saber qué más quiere Dios para sus vidas que para eso te despiertan temprano al siguiente día?

No tengo duda de que está presenciando un avivamiento, y menos aún cuando veo quiénes son los que acuden a Esdras. Son los cabezas de familias, los líderes, los padres de las familias. Esto es interesante porque Esdras estaba ahí para enseñar la Palabra; desde que Artajerjes lo envió sabemos que esa era su misión al ir a Jerusalén. Pero en la ley de Moisés dice que los padres tienen que enseñar a sus hijos la ley. Así que aquí están aquellos padres que están tomando la responsabilidad de pasar a sus hijos la ley de Moisés. Esto es sin duda un avivamiento.

En nuestra época es difícil en ocasiones lograr que los hombres, los padres de familias, se interesen en conocer la Palabra; en Latinoamérica es común que las reuniones estén más concurridas por mujeres que por hombres. Jesús les dio un lugar a las mujeres que durante siglos los reinos y las culturas no les habían dado; fueron mujeres las que sirvieron al Señor constantemente brindando recursos durante su ministerio. No pretendo despreciar el modo en que las santas mujeres de Dios han bendecido a la iglesia a través de los siglos. Sí quiero decir que cuando un hombre despierta, ese hombre puede despertar a toda una familia. Se convierte en una fuerza imparable usada por Dios.

SE LE DARÁ MÁS

Es muy interesante lo que sucede con alguien que oye la Palabra y la entiende. Uno de los primeros frutos que se ven después del arrepentimiento es esta necesidad de conocer más acerca de Aquel que le ha salvado, al parecer surge un apetito por la Palabra. Surge un deseo de escuchar más, de querer entender más.

En la parábola del sembrador hay algo que Jesús dice justo después de explicarla a sus discípulos.

Mira lo que Jesús dice justo después de la parábola del sembrador, después de dejar en claro que aquel que retiene la Palabra, aquel que la entiende y persevera en ella, produce una buena cosecha.

UNO DE LOS PRIMEROS FRUTOS DEL ARREPENTIMIENTO ES UN APETITO POR LA PALABRA

"Por eso, pongan mucha atención, pues al que tiene, se le dará más; pero al que no tiene, aun lo que cree tener se le quitará". (Lucas 8:18)

En el contexto en el que está, Jesús está haciendo referencia a lo que escuchan, a la semilla que es la Palabra de Dios.

La Nueva Traducción Viviente lo presenta aún más claramente:

"Así que presten atención a cómo oyen. A los que escuchan mis enseñanzas se les dará más entendimiento; pero a los que no escuchan, se les quitará aun lo que piensan que entienden".

Bueno será que yo mismo anime a la congregación a tener un corazón dispuesto a escuchar, pues hay una promesa para aquellos que escuchan: se les dará más entendimiento. Creo que si tienes algunos años enseñando la Palabra has visto personas así, a las que les emociona escuchar, que van preparados, que llevan un cuaderno y un bolígrafo porque saben que Dios tiene algo para ellos. Pero también desde el púlpito puedes ver aquellos que poco a poco se van apagando o que nunca se han encendido. Hagamos esto: animemos a la congregación a ir expectantes de lo que Dios quiere decirles, dispuestos a escuchar y con deseos de entender.

Pero nosotros también tenemos una labor que hacer, hay una labor y un esfuerzo que nosotros tenemos que hacer para ser cada vez más claros, más concretos y sencillos, pero al mismo tiempo más profundos. No estorbar, sino facilitar. Porque Dios tiene el deseo de traer cambios a las vidas.

Y HALLARON ESCRITO

Cuando llegaron con Esdras, siendo Esdras un hombre que había preparado su corazón para enseñar, vuelve a abrir la ley.

"Y hallaron escrito en la ley que Jehová había mandado por mano de Moisés, que habitasen los hijos de Israel en tabernáculos en la fiesta solemne del mes séptimo; y que hiciesen saber, y pasar pregón por todas sus ciudades y por Jerusalén, diciendo: Salid al monte, y traed ramas de olivo, de olivo silvestre, de arrayán, de palmeras y de todo árbol frondoso, para hacer tabernáculos, como está escrito. Salió, pues, el pueblo, y trajeron ramas e hicieron tabernáculos, cada uno sobre su terrado, en sus patios, en los patios de la casa de Dios, en la plaza de la puerta de las Aguas, y en la plaza de la puerta de Efraín. Y toda la congregación que volvió de la cautividad hizo tabernáculos, y en tabernáculos habitó; porque desde los días de Josué hijo de Nun hasta aquel día, no habían hecho así los hijos de Israel. Y hubo alegría muy grande". (Nehemías 8:14-17 RVR60)

Encontraron las instrucciones para celebrar una fiesta, la fiesta de los tabernáculos, que curiosamente se tenía que celebrar el séptimo mes, que es el mes en el que todo este relato sucede. Digo curiosamente, pero en realidad creo que todo está acomodado de esta manera por la mano de Dios. Ellos tienen apetito por entender la ley, y frente a ellos está la oportunidad de demostrar si esto es solo una emoción, o si están completamente convencidos de acercarse más Dios, de hacer crecer su relación con Él.

Esto es lo que yo llamaría una prueba. ¿Comenzarán a obedecer a Dios o pondrán excusas? ¿Su arrepentimiento se verá eclipsado por su obediencia o llegará el ocaso de su arrepentimiento sin vislumbrarse su despertar?

Pero no hay ni siquiera un guiño de vacilación; estos hombres, que decididamente vinieron a Esdras para entender la ley, con esa misma decisión, al escuchar que tenían que salir al monte y traer ramas de diferentes árboles para hacer tabernáculos, así lo hicieron. Son ellos los encargados de pregonar esta invitación de Dios para celebrar algo que sucedió muchos años atrás.

Esta fiesta, que duraba siete días, era un estatuto perpetuo por generaciones (Levítico 23:41), que no se había celebrado desde los tiempos de Josué, aquel que había sustituido a Moisés como pastor y líder de Israel.

Me llama mucho la atención que no cuestionaron nada, no cuestionaron si debían realizarla, no cuestionaron por qué por generaciones no se había celebrado. Esta es la Palabra de Dios y si Él pide que la celebren, ellos la van a celebrar. Esto es único.

Incluso en nuestro tiempo, en la iglesia, es difícil romper con tradiciones que por años se han estado llevando a cabo. Solo se nos da por decir: "Así lo han hecho por años en este lugar, y así tiene que hacerse". Y nos conformamos a lo que se ha establecido. No nos cuestionamos si lo que hacemos es lo que Dios ha pedido que hagamos. Esta respuesta del pueblo a la Palabra de Dios es un ejemplo para nosotros.

La fiesta de los tabernáculos se celebraba cuando Dios acompañó a su pueblo en el desierto después de haberlos rescatado de la esclavitud en Egipto. Este hecho es único, el pueblo de Israel era único porque Dios estaba acompañándolos en su caminar a la tierra prometida. Dios había dado instrucciones precisas de cómo debía ser el tabernáculo donde estaría su presencia. Y todo el pueblo se movía en la dirección que Él les daba. Levantaban el campamento, avanzaban y cuando Dios se detenía, ellos volvían a asentar el campamento.

Celebrar esta fiesta era algo, déjame decirlo así, incómodo. Tenían que habitar en esta tienda de campaña hecha con ramas de árboles del monte cada día, por siete días, ya sea justo afuera de sus casas, o en el terrado. No sé si tú tienes la imaginación que yo tengo, pero yo me imagino a los pequeños preguntando por qué estaban haciendo esto, por qué dormir afuera, a la intemperie, cuando tenían un lugar donde dormir.

Mis hijas soñaban con ir de campamento cuando eran pequeñas. Somos de la ciudad así que lo mejor que pude hacer una noche fue armar un "campamento" en la sala de mi casa. Ya sé, es lo único que se me ocurrió para que ellas sintieran que estaban haciendo algo diferente. Ese día dormimos en el piso y, créeme, fue incómodo. Uno está acostumbrado a por lo menos a un colchón para dormir.

¿Te imaginas lo que estaba sucediendo en cada tabernáculo esas siguientes noches? Había conversaciones acerca del gran Dios que había librado de la esclavitud a sus antepasados, del Dios milagroso que abrió en dos el mar e hizo pasar a su pueblo como por tierra seca. Había conversaciones del Dios que acompañaba a su pueblo como una nube durante el día y como una columna de fuego durante la noche.

MORADA DE DIOS

La obediencia es un fruto que impacta familias, que impacta comunidades. La obediencia es algo que Dios prefiere por encima de los sacrificios, la obediencia me muestra lo que soy por dentro, en lo profundo del corazón. Dios quiere hacedores de la Palabra, no oidores olvidadizos. En la epístola de Santiago se nos dice que los oidores olvidadizos son aquellos que se engañan a sí mismos.

¿Será que Dios quiere que celebremos en nuestra época la fiesta de los tabernáculos? Es mi convicción que la respuesta a esta pregunta es no. En el Nuevo Testamento encuentro que el cumplimiento de todas estas leyes y celebraciones es Cristo Jesús. Que estas fiestas tan solo eran una sombra de lo que habría de venir.

Necesito recordar que Jesús es el Verbo de Dios que se hizo carne y habitó entre nosotros. La palabra "habitar" literalmente es la palabra "tabernaculizar". Jesús mismo habló de su cuerpo como un templo. Jesús vino a este mundo como "Dios con nosotros". El pasaje que Esdras estaba enseñando a estos hombres es parte de la única historia que cuenta la Biblia, la historia de redención. Ese tabernáculo apuntaba a Cristo.

Pero aún más, la Biblia me enseña que Jesús, cuando estaba a punto de partir, les enseñó a sus discípulos que el rogaría al Padre y el Padre enviaría al Espíritu Santo, que ellos lo conocerían, que moraría con ellos y estaría en ellos. Esa era la manera en que Jesús no iba a dejar a sus discípulos huérfanos. La venida del Espíritu Santo al creyente lo convierte en Templo del Espíritu.

DIOS PUEDE HACER QUE POR MEDIO DEL ENTENDIMIENTO DE SU PALABRA LLEGUEMOS A ROMPER PATRONES DE TRADICIÓN QUE NO PROVIENEN DE LA ESCRITURA

Celebremos que Dios está con nosotros, que su Espíritu ha hecho morada en nosotros, que es ese mismo Espíritu de Dios que nos capacita para ser testigos de su amor y poder. Es precisamente esta obra del Espíritu Santo la que nos capacita para vivir en obediencia a su Palabra, mientras se forma la imagen de su Hijo en nosotros. Es la manera en que Dios ha escogido transformarnos de gloria en gloria en la misma imagen, por el Espíritu del Señor.

GOZO EN OBEDECER

Cuando entendieron las palabras que les habían enseñado, el pueblo tuvo mucho gozo y algo semejante sucede cuando obedecen al celebrar la fiesta de los tabernáculos; dice el relato que hubo gran alegría.

Una vez más creo que esta es una señal de que lo que ellos estaban presenciando era un avivamiento; solo Dios es fuente de gozo, lo que el pueblo está viviendo es una relación estrecha con Dios. Eso es la obediencia, una relación correcta con Dios.

"Me mostrarás la senda de la vida;

En tu presencia hay plenitud de gozo;

Delicias a tu diestra para siempre". (Salmos 16:11 RVR60)

Hay gozo en su presencia, estaban experimentando su presencia entre ellos, estaban celebrando la presencia de Dios en el desierto. Era una fiesta de adoración y gratitud, era celebrar la bondad de Dios sobre sus vidas.

ROMPAMOS TRADICIONES EN LA ENSEÑANZA

Este libro está enfocado en la necesidad de enseñar la Palabra expositivamente, y quizás nunca lo hayas hecho porque nunca te lo han enseñado. Tal vez nunca lo has hecho porque ni siquiera habías escuchado que había tal cosa como enseñanza expositiva. Y quizás también te estás preguntando si deberías cambiar tu forma de enseñar.

Yo creo que es una forma segura de hacer llegar la Palabra de Dios a la iglesia sin estorbos, de entregar lo que Dios quiere decirle a la iglesia, no lo que yo creo que Dios le quiere decir a la iglesia.

Como hemos visto en este capítulo, Dios puede hacer que por medio del entendimiento de su Palabra lleguemos a romper patrones de tradición que no provienen de la Escritura. Si es Dios quien te está mostrando esto en tu propia vida, yo te animo a que, como esos hombres, te decidas enseñar la Palabra de Dios, a preparar tu corazón, a inquirir en su Palabra para cumplirla y para enseñarla. Que decidas traer el Libro, abrirlo, confiar en el poder transformador de su Palabra. Que decidas que la próxima ocasión en que Dios te dé el honor de abrirla frente a un grupo de personas, la leas claramente, y dándole sentido busques lograr que la entiendan.

Quizás tengas que primero venir en oración a Dios reconociendo el poco cuidado que has tenido al enseñar su Palabra. Si tienes que hacerlo, no lo dudes, hazlo sabiendo que Dios es fiel y justo para perdonar y limpiarnos. Que su amor es tan grande por su Iglesia que quiere tomar tu corazón, moldearlo a su voluntad y usarlo para su Gloria.

Es verdad, Dios quiere usar su Palabra para hacer regresar a aquellos que aún no lo conocen, para alumbrar los ojos y traer dirección al que la necesita. Quiere despertar a su Iglesia, avivarla, y no solo quiere hacerlo, tiene el poder para hacerlo.

Es mi oración que su Palabra descienda como lluvia para hacer lo que Dios le ha mandado hacer; si es necesario, que inunde tu vida, para así darte cuenta de aquello que estorba y tiene que ser quitado, que así sea. Que traiga fruto, semilla, pan al hambriento.

Los cambios siguen: confesión, compromiso y adoración.

09
CONFESIÓN

*"El día veinticuatro del mismo mes se reunieron los hijos de Israel en ayuno, y con cilicio y tierra sobre sí. Y ya se había apartado la descendencia de Israel de todos los extranjeros; y estando en pie, **confesaron sus pecados, y las iniquidades de sus padres**. Y puestos de pie en su lugar, leyeron el libro de la ley de Jehová su Dios la cuarta parte del día, y la cuarta parte **confesaron sus pecados** y adoraron a Jehová su Dios".*
Nehemías 9:1-3 RVR60

Los cambios se siguen viendo en el pueblo; la fiesta de los tabernáculos ya había pasado, pero su deseo por la Palabra no. Es el día veinticuatro de ese mismo mes en que vuelven a reunirse, ahora con muestras evidentes de sus sentimientos. Hay vergüenza y dolor que los hace cubrirse en cilicio y tierra. La fiesta había sido una celebración, compartiendo juntos los alimentos, pero ahora es todo lo contrario, los hijos de Israel se encuentran en ayuno, privándose de ellos.

Y estando de pie, confesaron sus pecados. Y nos damos cuenta del tiempo que invirtieron haciéndolo porque esta vez invirtieron tres horas leyendo la Palabra para luego pasar otras tres horas confesando sus pecados y adorando a Dios.

Este tiempo invertido durante días leyendo la Palabra les había dado una perspectiva más clara de lo que había sucedido con sus padres. Si nos tomamos el tiempo de leer todo el capítulo 9 nos daremos cuenta de que en su confesión hacen un recorrido por el libro de Génesis; si antes habían sentido dolor y tristeza por haber pecado contra Dios, lo que los llevó a llorar, ahora estaban avergonzados pero decididos a poner sus ojos en Dios.

Confesar es reconocer algo que se ha hecho, pero también es declararlo como un hecho; no importa si es algo bueno o malo, es manifestarlo al hablar. Podemos confesar que Dios es bueno y majestuoso y estamos declarándolo de tal manera que otros lo escuchen, pero también confesar implica declarar aquellos pecados que hemos cometido contra Dios de la misma manera, declarándolo frente a otros. Esto es lo que el pueblo estaba haciendo.

Esta confesión de pecados es parte del fruto que Dios está trayendo luego de escuchar y entender la Palabra de Dios.

En el Nuevo Testamento encontramos una exhortación a reconocer nuestro pecado, pero también una promesa de perdón al confesarlos.

"Si decimos que no tenemos pecado, estamos engañándonos a nosotros mismos y no tenemos la verdad. Pero si confesamos a Dios nuestros pecados, él, que es fiel y justo, nos perdonará y nos limpiará de toda maldad. Si afirmamos que no hemos pecado, estamos diciendo que Dios es mentiroso, y eso muestra que su palabra no habita en nosotros". (1 Juan 1:8-10)

Es muy difícil hacer un recorrido por la Palabra y no darnos cuenta de la necesidad que tenemos de Dios, de nuestra incapacidad. Uno de los hombres que más admiramos de la escritura es Pablo. Su conversión es espectacular, tan espectacular que muchos dudaron de que fuera real; él pasó de ser un perseguidor de la Iglesia a ser un siervo más del Señor Jesús. Y se convirtió en un misionero, que en cada ciudad a donde llegaba predicaba el evangelio, y si era posible levantaba una obra, una iglesia.

Un hombre de fe, un hombre apegado a la Palabra de Dios. Dispuesto a sufrir por el evangelio, muchas veces su vida estuvo en peligro. Pero conforme iban pasando los años, su perspectiva de Dios iba creciendo. Sí, tenía una relación más estrecha con el Señor, era evidente. Pero eso no lo llenó de orgullo, lo inundó de humildad.

En una de sus primeras cartas, 1ra. de Corintios, el alcanzó a definirse a sí mismo como *"... el más insignificante de los apóstoles, título que ni siquiera debería ostentar, porque perseguí a la iglesia de Dios"*. (1 Corintios 15:9)

CONFESAR ES RECONOCER ALGO QUE SE HA HECHO, PERO TAMBIÉN ES DECLARARLO COMO UN HECHO

Los apóstoles eran estos hombres enviados por Dios para anunciar el evangelio. En el Nuevo Testamento distinguimos a solo unos cuantos con este título. Son aquellos que habían estado con el Señor Jesús, que habían sido enviados personalmente por él. Esto reduce bastante el número. Pues Pablo, siendo uno de ellos, se siente el más insignificante, no se sentía digno de ostentar ese nombre, el hecho de haber perseguido la iglesia lo hacía pensar de esta manera.

Pero pasan los años, y vuelve a definirse a sí mismo, pero ahora lo escribe de esta manera: *"Aunque soy el más pequeño de todos los que son parte del pueblo santo, Dios me concedió, por su amor, la misión de anunciar a las naciones el tesoro incalculable de Cristo"*. (Efesios 3:8)

Al seguir avanzando en su caminar con el Señor, su perspectiva de Dios ha aumentado, pero la perspectiva de sí mismo ha disminuido. Ahora ni siquiera se menciona como parte de los apóstoles, sino que se acomoda en el grupo de los santos, aquellos que han confiado en Cristo para salvación; nos dice que entre ellos es el más pequeño de todos. Se le ha concedido el honor de anunciar a Cristo, pero se siente cada vez más pequeño.

Y acercándose el final de sus días, al escribirle una carta a su discípulo amado, colaborador e hijo en la fe, Timoteo, se reconoce aún más pequeño.

"Este mensaje es verdadero y todo el mundo debe creerlo: Cristo Jesús vino al mundo a salvar a los pecadores, de los cuales yo soy el primero". (1 Timoteo 1:15)

Ahora, ni qué hablar de ser un apóstol; ni siquiera se identifica con los santos, con la iglesia, al llegar a sus últimos años, Pablo viendo cada vez más grande al Señor, tiene que reconocer que, de los pecadores, él es el primero.

Es por eso que Juan, al escribir su primera epístola, nos dice que hay que reconocer lo que somos: pecadores. No podemos decir que no tenemos pecado, eso sería un autoengaño en nuestras vidas. La realidad misma de nuestra incapacidad debe estar siempre presente en nosotros. Juan se atreve a decir que si decimos que no hemos pecado, en realidad lo que estamos diciendo es que Él es un mentiroso.

El pueblo de Israel se ha dado cuenta de esta realidad, Dios cada vez se ve más grande, más sublime y no hay duda ahora, le hemos fallado al no reconocerle en nuestra vida, en nuestro día a día.

Al avanzar en el capítulo 9 de Nehemías, te das cuenta de que comienzan a reconocer quién es Dios y lo poderoso que es. Es el Dios eterno, el que vive desde la eternidad y hasta la eternidad, es el Dios único. No hay nadie igual a Él, no existe otro igual.

Después lo reconocen como el creador de todas las cosas, el creador del cielo, la tierra y el mar, el que hizo todo lo que cada uno de estos espacios contiene. No solo los creo, los sostiene con vida.

¿Recuerdas cuando conociste al Señor, cuando reconociste que Él había entregado su vida por ti para rescatarte? Ese momento fue glorioso, es el momento en que nos sentimos amados, perdonados, es un momento que todo creyente atesora en su memoria.

Yo recuerdo haber pasado al frente cuando fui por cuarta vez a la iglesia e hicieron un llamado. Todo el tiempo sentí que me habían hablado solo a mí, era algo personal, algo me había hecho entender que lo necesitaba. Y comencé a viajar a todos lados con mi Biblia y con grabaciones

EL SEÑOR NO DEJA DE MOSTRARNOS NUESTRA NECESIDAD DE ÉL

de prédicas. Pero no estaba bien, seguía fumando marihuana y ocultándoselo a mi futura esposa, que me había llevado a esa iglesia. Yo prefería mentirle, en mi mente me preguntaba cómo podría decirle lo que estaba haciendo si ella me había llevado a la iglesia.

No me había dado cuenta de que no iba a poder ocultar mi pecado para siempre. En un viaje a California, donde ella y yo nos encontramos, fue el momento en que no pude más, y le confesé que seguía controlado por mi adicción, que todo este tiempo le había mentido. Ella lo que hizo fue magnificar a Cristo, intentaba hacerme ver que Jesús era más grande de lo que yo pensaba, pero mi pecado me tenía tan avergonzado que no podía creerlo.

—Ya le entregaste tu vida, Él puede ayudarte y hacerte libre —me dijo.

—Él tiene muchos problemas en el mundo como para ayudarme a mí —le contesté.

Ella decidió orar por mí. Confieso que yo no tenía fe en que Dios pudiera hacer algo por mí, pero ella sí. Esto me recuerda la historia del paralítico que fue llevado por cuatro amigos frente a Jesús, que al ver que no se podía entrar al lugar por estar lleno de gente, quitaron el techo y bajaron a su amigo para ponerlo delante de Jesús. Dice el relato que viendo Jesús la fe de ellos, le dijo al paralítico: "Tus pecados son perdonados".

Yo creo que Jesús vio la fe en ella, y contestó su oración. Él me había librado de mi pecado, de mi esclavitud. Mi única reacción fue: necesito conocerlo, necesito saber quién es y qué más puede hacer.

Al pasar el tiempo me di cuenta de que mi adicción era una de las cosas más pequeñas de las que Jesús me rescató; me fue mostrando cosas que nadie veía, pero que me tenían atrapado. Yo creo que el Señor no deja de mostrarnos nuestra necesidad de Él.

Es por eso que encontramos esperanza en las palabras de Juan: *"Pero si confesamos a Dios nuestros pecados, él, que es fiel y justo, nos perdonará y nos limpiará de toda maldad".*

Hace un tiempo tuvimos un retiro de matrimonios. Son momentos muy especiales porque las parejas apartan el fin de semana para buscar al Señor y escuchar su Palabra. Tuvimos conferencias de diferentes pastores y después de cada una de ellas, nos tomábamos un tiempo para que se hicieran preguntas relacionadas al tema.

"¿Es necesario confesar a nuestro cónyuge si hemos cometido infidelidad?", alguien preguntó.

Adelante había una pareja. Ella lo abrazó y le dijo: "Qué triste ser esa persona, qué bueno que nosotros no tenemos ese problema".

"Si ya lo confesé delante de Dios y he recibido su perdón, ¿tendría que confesárselo también a ella?", seguían preguntando.

Nuestra respuesta era que sí. Es necesario traer a la luz el pecado ya que tu cónyuge se puede convertir en tu aliado frente a este problema; de otra manera, estarías luchando tú solo con ese pecado y si lo mantienes oculto, el enemigo se va a aprovechar de eso.

Y una vez más preguntaban: "¿Y si confieso mi pecado pero ella no me perdona? Tengo mucho miedo de perderla".

Y ella una vez más lo abrazó y le dijo: "Pobre chica, no me imagino qué va a sentir cuando le confiese lo que ha hecho".

Todo este tiempo él estaba temblando por dentro, porque Dios ya le había mostrado que tenía que confesar su pecado y no lo dejaba en paz. Cada vez que ella lo abrazaba y le decía esas cosas, el sentía de parte de Dios que tenía que confesarlo.

> **LA CONFESIÓN DE PECADOS ES PARTE DEL FRUTO QUE DIOS QUIERE TRAER AL ENSEÑAR LA PALABRA**

Ellos regresaron del viaje y al llegar a casa le contaron a su familia acerca del retiro. Ella comentó especialmente acerca de esas preguntas mientras él ya no sabía qué hacer. Frente a su familia ella volvió a decir: "Qué terrible estar viviendo algo así, gracias a Dios nosotros no estamos en esa situación".

Durante la noche él no podía dormir, hasta que decidió confesarle su pecado a su esposa. Al día siguiente estaban en mi oficina. Por supuesto, ella estaba destrozada y con mucho temor, no sabía qué hacer. Él se sentía libre, por fin estaba haciendo las cosas a la luz de la Palabra. Pero para ella todo se había oscurecido. No fue sencillo, no fue fácil, pero hoy ambos están caminando en el Señor. Ya tienen dos hijos, Dios ha hecho la obra, la restauración, porque Él es especialista en esto.

Dios quiere traer convicción de pecado en la iglesia. Hay mucha diferencia entre alguien que confiesa su pecado porque Dios lo ha convencido, y pide perdón asumiendo las consecuencias, y otra persona que no confiesa su pecado sino que este es descubierto; generalmente no hay un reconocimiento de faltas sino más bien excusas y acusaciones que generan peleas. Tristemente hemos visto casos así.

La confesión de pecados es parte del fruto que Dios quiere traer al enseñar la Palabra y que encuentra buena tierra en un corazón dispuesto por el Señor.

El pueblo, al confesar sus pecados, sigue reconociendo que Dios ha intervenido paso a paso por ellos, haciendo pactos y siendo paciente, rescatándolos una y otra vez. Reconocen que no hay otro Dios como el Dios que ha iniciado este avivamiento.

Motivados por esto, ellos se comprometen a guardar la Palabra.

SERÉ ÍNTEGRO

En el Salmo 19, al final, David llega a una conclusión. Después de hablarnos de la revelación de Dios a través de su Palabra, de hablarnos del gran poder que tiene Dios para transformar, nos dice:

"Preserva también a tu siervo de las soberbias; que no se enseñoreen de mí; entonces seré íntegro, y estaré limpio de gran rebelión". (Salmos 19:13 RVR60)

La petición que hace David al terminar este salmo va directo a aquello que nos mantiene alejados de Dios y de su Palabra, la soberbia, que puede convertirse en dueña nuestra, dirigir nuestras decisiones y nuestro caminar.

Por eso David pide: "Presérvame de las soberbias".

El salmo 19 me enseña que la Palabra tiene poder para transformar nuestras vidas, va más allá de lo que imaginamos, es más valiosa que el oro y más dulce que la miel; es la Palabra de Dios. La soberbia en ese contexto sería no tomar en cuenta su Palabra, cerrar el libro. Pretender que no lo necesito para recibir su consejo.

Pero entonces David dice: Seré íntegro y seré limpio de gran rebelión.

Una persona íntegra es una persona recta, intachable. Es algo que no puedo obtener con mis propias fuerzas, es en realidad algo que solo Dios puede darme. Dios puede hacernos completos.

Dios quiere seguir trayendo fruto a nuestra vida. Y la integridad es algo que necesitamos.

Es evidente que vivimos en una sociedad con ausencia de integridad, y esta falta de integridad ha hecho daño en todos los niveles de nuestra sociedad, desde una familia pequeña, un negocio, una iglesia, o incluso hasta un gobierno; todos ellos se puede ver manchados por la falta de integridad. Dios nos quiere hacer íntegros por medio de su Palabra.

10

EL ESPÍRITU DE DIOS

*"Y se juntó todo el pueblo **como un solo hombre** en la plaza que está delante de la puerta de las Aguas, y dijeron a Esdras el escriba que trajese el libro de la ley de Moisés, la cual Jehová había dado a Israel".* Nehemías 8:1 (RVR60)

—Necesitas de Cristo—le dije.

No me contestó nada, pero su rostro lo decía todo. ¿Cómo me atrevía yo a decirle algo así? Resultaba muy extraño para cualquiera escucharme hablar de Dios cuando en otro momento había vivido una vida que no lo honraba de ninguna manera.

El que sí se atrevió y abrió su boca fue uno de mis amigos más cercanos:

— ¡Ya cállate! Te la has pasado hablando de eso, ya cállate.

Y en ese momento desde lo profundo de mi corazón y con una certeza total respondí:

— ¡Nunca! Nunca dejaré de hablar de Él, Él me salvó.

Mi amigo tenía razón. Llevaba tres o cuatro días hablándole a todo el mundo acerca de Jesús, y antes de ese día nunca lo había hecho. Como él me acompañaba a todos lados, me escuchó en varias ocasiones hasta que ya no aguantó más. Creo que se sorprendió de mi respuesta, pero el más sorprendido fui yo.

Había recibido a Cristo meses atrás. No solo él sino varios de mis amigos habían notado que ya no era el mismo. Había dejado la marihuana y me comportaba distinto. Pero pasar de ahí a testificar del amor de Dios, al punto de traerlo a la conversación cada vez que podía, solo significaba una cosa: algo más me había pasado. De pronto tenia determinación y hablaba con valor.

La semana anterior había ido a una serie de reuniones donde se hablaba acerca del Espíritu Santo y recuerdo muy bien que uno de esos días hablaron de ser llenos del Espíritu. Y sin duda, mientras orábamos al final de la enseñanza, fui lleno de su Espíritu.

Yo estaba en pañales, acababa de comenzar mi caminar en Cristo. No entendía mucho, pero sí había experimentado cosas que nunca antes había vivido. Nunca me imaginé que en todas esas cosas había alguien involucrado: el Espíritu Santo.

Ahora, habiendo pasado veinte años, sigo sin entender mucho, pero a través de la Palabra observo la persona y la obra del Espíritu Santo, y cómo tiene funciones específicas que solo él puede llevar a cabo.

Sin saberlo, había sido el Espíritu quien me convenció de pecado aquella vez que entendí por primera vez el amor de Dios y lo que Él hizo por mí. Había sido el Espíritu quien hizo un milagro en mí, al quitarme la adicción que tenía. Y sin duda, había sido el Espíritu quien me guió a Jesús; había comenzado una sed insaciable por conocerle, por saber más acerca de Él.

Y ahora el me daba denuedo para hablar la Palabra de Dios. Por eso no paraba, por eso mi amigo se había cansado de escucharme hablar de lo mismo una y otra vez.

"El viento sopla por donde quiere y oyes el ruido que produce, pero no sabes de dónde viene ni a dónde va. Eso mismo pasa con todos los que nacen del Espíritu". (Juan 3:8)

Cuando Jesús le habla a Nicodemo acerca de la necesidad de nacer de nuevo, hace una distinción entre los que nacen de padres humanos y los que nacen del Espíritu, para luego decir: si ves a aquel que nace de nuevo, sabes que algo lo está moviendo, pero no lo puedes ver. Siendo inexplicable, puedes ver que algo está sucediendo.

Vernon McGee comenta de este versículo: "No puedo decirte cómo opera exactamente el Espíritu de Dios, pero sí puedo darme cuenta cuando se está moviendo en la vida y en los corazones de su gente".

EL ESPÍRITU SANTO TIENE FUNCIONES ESPECÍFICAS QUE SOLO ÉL PUEDE LLEVAR A CABO

COMO UN SOLO HOMBRE

Cada vez que leas el capítulo 8 de Nehemías, te irás dando cuenta de que algo está sucediendo más allá de lo que uno alcanza a ver. Desde el principio, cuando describe al pueblo reunido como un solo hombre, se observa que hay alguien detrás de todo esto. Cuando el pueblo pide que Esdras traiga el libro de la ley, ten en cuenta que es un libro que han ignorado por mucho tiempo, y que seguramente les mostrará que han fallado en el pacto que hicieron con Dios. También cuando observas que los oídos de todo el pueblo estaban atentos al libro de la ley.

¿Quién los motivó a tener esa actitud frente a algo que han despreciado por tanto tiempo?

¿Quién los está moviendo?

Es más, creo que esta es la prueba más evidente: estuvieron atentos desde el alba hasta el mediodía mientras Esdras leía y explicaba la Palabra.

En nuestras congregaciones, con mucho esfuerzo las personas apenas si escuchan cincuenta minutos de enseñanza; de hecho, pareciera que cada vez vamos reduciendo más y más su duración. Nos basamos en lo que los estudios dicen acerca del tiempo que la gente puede estar atenta, y así decidimos cuánto tiempo durará la enseñanza en nuestras iglesias. ¿Puedes ver la diferencia?

¡Seis horas!

Creo definitivamente que estamos frente a la obra del Espíritu de Dios en este momento tan especial.

LA PUERTA DE LAS AGUAS

Hay un detalle en el relato que no se escapa del plan de Dios y es el lugar donde todo sucede, la plaza frente a la puerta de las Aguas. Yo soy de los que creen que no hay casualidad en la Palabra de Dios, quiero decir, que todo lo que está escrito en ella tiene una razón de estar ahí. Incluso los lugares y los nombres de los lugares.

Es interesante que toda la escena suceda frente a la puerta de las Aguas.

El agua se utiliza para hacer referencia a dos cosas principalmente: a la Palabra de Dios y al Espíritu de Dios.

"Los esposos, por su parte, deben mostrar a sus esposas el mismo amor que Cristo mostró a su iglesia. Cristo se entregó a sí mismo por ella para hacerla santa y la purificó lavándola con agua por medio de la Palabra. Lo hizo así a fin de presentársela a sí mismo como una iglesia gloriosa, sin manchas ni arrugas ni nada semejante, sino santa e intachable". (Efesios 5:25-27)

Cristo se entregó por la iglesia, se entregó en la cruz del Calvario, fue ahí que por medio de su sangre nos limpió de nuestros pecados. Y es por medio de su Palabra que conocemos la obra de nuestro Señor en la cruz; podríamos decir que es a través de su Palabra que Él nos ha limpiado, con agua por medio de la Palabra.

El pastor David Guzik, hablando de la Palabra de Dios, dice: "La Palabra de Dios es un agente limpiador. Ella condena al pecado, inspira a la santidad, promueve el crecimiento y revela poder para la victoria".

La plaza frente a la puerta de las Aguas es el lugar donde la Palabra de Dios, siendo leída y explicada, siendo escuchada y entendida, comenzó este proceso de limpieza en el pueblo de Dios, proceso que les llevó a confesar pecados, a comprometerse con Dios y a seguir sus mandamientos; es donde terminaron con manos alzadas y postrándose sobre su rostro adorando al Dios eterno.

> **NO HAY CASUALIDAD EN LA PALABRA DE DIOS, TODO LO QUE ESTÁ ESCRITO EN ELLA TIENE UNA RAZÓN DE ESTAR AHÍ**

Pero también el agua representa al Espíritu de Dios en la Palabra:

"En el último y gran día de la fiesta, Jesús se puso en pie y alzó la voz, diciendo: Si alguno tiene sed, venga a mí y beba. El que cree en mí, como dice la Escritura, de su interior correrán ríos de agua viva. Esto dijo del Espíritu que habían de recibir los que creyesen en él; pues aún no había venido el Espíritu Santo, porque Jesús no había sido aún glorificado". (Juan 7:37-39 RVR60)

Jesús llama a todos hacia él, a aquellos que tienen sed, que están insatisfechos, los invita a ir a él y beber. ¿Qué significa esto? Tan solo significa creer. Y es que al creer nos convertimos en morada del

Espíritu Santo. Es por eso que dice "de su interior correrán ríos de agua viva".

Y creo que el Espíritu Santo está presente en esa plaza frente a la puerta de las Aguas.

Es el Espíritu de Dios trayendo unidad al pueblo, que cautiva y abre sus corazones para que estuvieran atentos a escuchar la enseñanza, pero también es el Espíritu Santo trayendo convicción de pecado, de juicio y de justicia. El arrepentimiento surge como un fruto de la Palabra, pero también de su Espíritu.

La puerta de las Aguas fue la única que no tuvo que ser reparada en la reconstrucción de los muros, y creo que, al representar a la Palabra, sin duda sabemos que la Palabra no necesita ser editada o corregida. La Palabra de Dios es perfecta, está completa, no hay nada que quitarle, no hay nada que añadirle.

La atención que el pueblo tiene para escuchar la Palabra es sorprendente. Encontramos en la Palabra que la función del Espíritu es guiarnos a toda verdad, y claro, Jesús dijo al Padre en su oración: "Santifícalos en tu verdad, tu Palabra es verdad".

Y nos podemos dar cuenta de que no hay otra agenda, sino escuchar y dar a entender la Palabra. No están reunidos para discutir doctrina o debatir asuntos teológicos, esta no es una reunión caracterizada por la carne, para buscar cada quien su propio reino, no. Es una reunión caracterizada por el Espíritu de Dios, donde Dios es glorificado al darse a conocer a su pueblo.

Recuerdo que en una ocasión, hace muchos años, cuando tenía un par de años de haber recibido al Señor, fuimos mi esposa y yo a una iglesia que me invitó a un congreso a dar mi testimonio. La ciudad adonde íbamos no tenía aeropuerto, así que llegamos a una ciudad cercana y unos hermanos nos fueron a recoger.

Los hermanos llegaron muy agitados, se les había hecho tarde para recogernos; después de la clásica presentación y saludos nos llevaron al auto, metieron las maletas en la cajuela y salimos hacia el lugar.

Ellos trataban de justificar por qué habían llegado tarde; el congreso había comenzado el día anterior y se quedaron hasta muy tarde en la iglesia. Pero de pronto, alguien dijo una frase que no se me olvida hasta hoy.

Nos dijo: "Hermano, el Espíritu Santo se movió tanto entre nosotros, que no fue necesario abrir la Palabra".

La verdad es que no recuerdo hacia dónde se dirigió nuestra conversación a partir de ese comentario, pero aún hoy lo recuerdo y no le encuentro ningún sentido. Durante el tiempo en el que he enseñado la Palabra he aprendido acerca de la persona y la obra del Espíritu, y de ninguna manera encuentro algo que justifique lo que mi hermano dijo en esa ocasión.

Creo definitivamente que la obra del Espíritu Santo en un avivamiento se observa como lo vemos en este pasaje que hemos estado estudiando. Veo al Espíritu Santo provocando unidad en todo el pueblo y el deseo de escuchar la Palabra. Veo al Espíritu Santo obrar al hacer que hombres y mujeres estén atentos a escuchar la Palabra de Dios, veo al Espíritu Santo usando a Esdras para explicar el sentido del texto que leyó, veo al Espíritu de Dios trayendo convicción de pecado y llevando al arrepentimiento al pueblo. Veo al Espíritu llenando de gozo al pueblo, llevándoles a la comunión entre ellos, compartiendo todas las cosas. Veo al Espíritu de Dios guiándoles a la verdad.

Charles Spurgeon, desde el púlpito del tabernáculo metropolitano, comenzó una de sus enseñanzas acerca del Espíritu diciendo: "El oficio primordial del Espíritu Santo es glorificar a Cristo. Él hace muchas cosas, pero su propósito en todas ellas es: glorificar a Cristo".

Jesús lo dijo:

"Él me glorificará porque tomará de lo mío y se lo dará a conocer a ustedes". (Juan 16:14)

Sigamos el ejemplo del Espíritu, glorifiquemos a Jesús a través de la enseñanza, confiando en la obra de su Espíritu entre nosotros.

11

PERSEVERA

*"Y leyó Esdras en el libro de la ley de Dios **cada día**, desde el primer día hasta el último; e hicieron la fiesta solemne por siete días, y el octavo día fue de solemne asamblea, según el rito".*
Nehemías 8:18 RVR60

Cuando era pequeño me cambiaron de escuela justo en el segundo año de primaria. La nueva escuela tenía actividades deportivas por la tarde. El primer día que mi papá me llevó, al salir del coche, corrí inmediatamente hacia la cancha de fútbol.

Pero mi papá, saliendo del coche y mirándome por arriba del techo del auto, me gritó: "¡Para allá! ¡Allá!

Cuando yo volteé a verlo, con su mano estaba apuntando hacia las canchas de básquetbol. Yo no podía entender, en la cancha de básquetbol había unos cuantos chicos y era evidente que eran de quinto o sexto grado. En cambio, la cancha de fútbol estaba repleta de chicos, incluyendo a mis nuevos compañeros.

Creo que mi papá vio mi cara de asombro, pero no cambió la instrucción: ¡Allá! ¡Tú ve para allá!

Así fue como comencé a jugar básquetbol, aunque en los primeros dos años yo solo era la mascota del equipo. Efectivamente, solo había chicos tres años más grandes que yo. Pero no me arrepiento; después de eso vinieron muchos años de ir a jugar todos los sábados con mi papá a esas mismas canchas y de ver como los Lakers de Magic Jonhson derrotaban a los Celtics de Larry Bird.

Cada entrenamiento, el equipo de la escuela hacía los mismos ejercicios, pase de pecho, picado, sobre la cabeza, coladas por derecha, coladas por izquierda, tiros cerca del aro, a media distancia y de tres puntos. Sí, desde esa época ya había tiro de tres puntos.

Hace poco me invitaron a ver al nuevo equipo de básquetbol de la CDMX, la ciudad donde vivo. Es una nueva liga profesional, así que tienen jugadores extranjeros y locales. Me regalaron boletos en la cancha, así que podíamos ver las jugadas desde la misma perspectiva que los jugadores. Si conoces jugadores de básquetbol, sabrás que son enormes; incluso los más pequeños de ellos son más grandes que cualquier simple mortal.

Y cuando salieron a calentar previo al partido, me vinieron todos esos recuerdos de cuando era niño. Porque los ejercicios que realizaban eran exactamente los mismos que yo hacía, y eso fue hace 35 años. Los ejercicios técnicos no han cambiado nada, siguen siendo los mismos.

Hace unos años, una de mis hijas decidió dejar el ballet y comenzar a jugar fútbol. En esas tardes en las que yo la acompañaba a sus entrenamientos observaba los ejercicios de calentamiento que realizaba junto al equipo. Son los mismos ejercicios que hacen los equipos profesionales cuando salen a la cancha a realizar sus calentamientos antes del partido. Cuando vas al estadio y llegas temprano los observas. Me sorprendió darme cuenta de que eran los mismos; me imaginé cómo estos jóvenes, desde niños, hacen los mismos movimientos, los mismos toques de balón, las mismas distancias para tirar al arco.

¿Por qué repiten los mismos ejercicios? Porque las técnicas no cambian, los métodos no cambian, esos jóvenes están perseverando en el deporte desde pequeños.

TODOS LOS DÍAS

Esdras se la pasaba abriendo el libro y enseñando la ley de Moisés. Después de ese momento en la plaza frente a la puerta de las Aguas, vimos cómo se aproximaron a él, al siguiente día, los cabezas de familias, y volvieron a escuchar con detalle la enseñanza; encontraron la fiesta de los tabernáculos y la celebraron. Durante toda la semana, cada día, Esdras leyó el libro y la enseñanza continuó por varios días más.

PERSEVERAR ES PERSISTIR FIRMEMENTE EN UNA COSA PROVEYÉNDOLE UN CUIDADO CONSTANTE

Esdras había sido enviado años antes con ese objetivo: juzgar de acuerdo a la ley de Moisés y enseñar a aquel que no conocía la ley. Era un maestro de la Palabra y Dios lo estaba usando con un pueblo hambriento por escuchar.

Cuando Pedro predicó en Jerusalén por primera vez, anunció partiendo de las Escrituras acerca de Jesús. Aquel que fue crucificado, Dios le había levantado de los muertos, y esto fue profetizado por el rey David. Cuando ellos escucharon que ese Jesús que habían crucificado era en realidad el Señor y Cristo, no pudieron más; conmovidos preguntaron ¿qué es lo que tenemos que hacer?

Pedro les dijo claramente: "Arrepiéntanse y bautícense en el nombre de Jesucristo para que Dios les perdone sus pecados".

La respuesta fue sorprendente, ya que tres mil personas se bautizaron y terminaron uniéndose a la recién nacida iglesia en Jerusalén. ¿Te imaginas esto? ¿Qué pasaría si un domingo cualquiera, abrieses las puertas de la iglesia y entraran tres mil personas?

Al bautizarse se estaban identificando con el Señor en su muerte y resurrección, al hacerlo estaban identificándose con este grupo de personas que, habiendo sido llenas del Espíritu, fueron enviadas a predicar el evangelio.

¿Que hizo la iglesia?

En Hechos 2:42 se nos dice:

"Y perseveraban en la doctrina de los apóstoles, en la comunión unos con otros, en el partimiento del pan y en las oraciones". (Hechos 2:42 RVR60)

En este pasaje encuentro la importancia que se le daba a la enseñanza de la Palabra de Dios en el inicio de la Iglesia. Cuando comienza la Iglesia ellos deciden perseverar en cuatro cosas. Creo que la Iglesia de hoy también debe perseverar en esto mismo.

Una de ellas es *"la doctrina de los apóstoles"*.

Perseverar me habla de dedicarse a algo con constancia, de persistir firmemente en una cosa proveyéndole un cuidado constante. Es algo que comienzas a hacer y te mantienes haciéndolo por mucho tiempo. Esto requiere de determinación, de constancia. La palabra doctrina significa enseñanza o instruir.

No era lo único en lo que perseveraban, perseveraban también en *el partimiento del pan*, esto es la celebración de la Cena del Señor. Necesitamos constantemente recordar el sacrificio de nuestro Señor en la cruz, traerlo a nuestra memoria, hacerlo con reverencia y con gratitud. Es algo que no debemos olvidar jamás, pues su sacrificio es lo que nos tiene hoy aquí, hablando de Él y sirviéndolo.

También perseveraban en *las oraciones*, y es que esta es la manera en que podemos mostrarle al mundo a nuestro alrededor que dependemos de Él, que nos sostenemos en Él y tenemos nuestra esperanza en Él.

Y perseveraban finalmente en *la comunión unos con otros*. La iglesia es una comunidad que se relaciona con el fin de edificarse mutuamente; leemos en las cartas de Pablo una y otra vez que se requiere que nos exhortemos unos a otros, que nos animemos unos a otros. La comunión va más allá de solamente conocer a alguien, es una invitación a participar con los demás.

Pero la primera que se menciona es la doctrina de los apóstoles.

No debe sorprendernos que decidieran perseverar en esto, ya que ellos mismos habían sido testigos de cómo

EL LLAMADO ES A HACER DISCÍPULOS Y ESTO IMPLICA ENSEÑANZA

Jesús tenía la enseñanza en un lugar primordial. Jesús enseñaba a las multitudes y estos se admiraban de su doctrina. La enseñanza de Jesús era distinta a la que ellos estaban acostumbrados a oír, la que escuchaban de parte de los escribas. Él enseñaba con una autoridad que no era común. Cuando digo que para Jesús la enseñanza era primordial no estoy diciendo que era lo único que hacía, porque lo vemos en los evangelios recorriendo las ciudades de Galilea sanando enfermos, echando fuera demonios, haciendo milagros e incluso levantando a los muertos. Pero esto era la demostración de que Jesús tenía poder sobre estas cosas, eran señales que apuntaba a la deidad de Jesús.

Los discípulos lo escucharon decir "a esto he venido, a predicar".

Cuando Jesús se despide de sus discípulos les deja una encomienda; se la conoce como la Gran Comisión y la encontramos al final del Evangelio de Mateo.

"Por lo tanto, vayan y hagan discípulos en todas las naciones. Bautícenlos en el nombre del Padre, del Hijo y del Espíritu Santo, y enséñenles a

obedecer los mandamientos que les he dado. De una cosa podrán estar seguros: Estaré con ustedes siempre, hasta el fin del mundo". (Mateo 28:19-20)

El llamado que reciben es a hacer discípulos, a enseñarles a obedecer los mandamientos que Él les ha dado. Es muy claro, esto implica enseñanza. Si esto es parte de la gran comisión, es algo en lo que claramente debemos perseverar, en la enseñanza.

En Hechos 5:42 se nos muestra cuán firme había sido esta decisión:

"'Y todos los días, en el templo y por las casas, no cesaban de enseñar y predicar a Jesucristo". (Hechos 5:42 RVR60)

No había nada que detuviera su afán por llevar a cabo su compromiso de enseñar y predicar. Mira cómo se torna más importante esta decisión cuando nos damos cuenta de lo que había sucedido antes de llegar a este versículo.

La iglesia iba creciendo. Un gran número de personas, tanto hombres como mujeres, creían en el Señor. El reino de Dios se manifiesta en la comunidad; ellos están reuniéndose en el pórtico de Salomón, un lugar público, y esto llama la atención de aquellos que tienen necesidad no solamente en Jerusalén sino también en las ciudades vecinas. Pero también llamaron la atención del sumo sacerdote y de los que estaban junto con él; estos se llenaron de celos y los metieron en la cárcel pública.

Esta no era la primera vez que eran encarcelados, ya habían comparecido ante gobernantes, ancianos y escribas, los habían encerrado porque estaban enseñando al pueblo y anunciando en Jesús la resurrección de entre los muertos. Después de un discurso de Pedro, que a todos sorprendió porque sabían que era un hombre del vulgo y sin estudios, solo pudieron amenazarlos y les prohibieron enseñar acerca de Jesús. Pero fue el mismo Jesús el que demostró frente a ellos que es el Hijo de Dios, el que les ordenó anunciar el evangelio.

Así que continúan haciéndolo, llenos del Espíritu Santo, llenos de valor para seguir adelante. Es ahí cuando se ven encarcelados de nuevo, pero no es lo único que ven, también ven el poder de Dios sacándolos de la cárcel. De la mano de un ángel salen mientras les dice: *"Vayan al templo y prediquen acerca de la Vida" (Hechos 5:20)*

¿Cómo puedes negarte a hacerlo? Jesús fue el que te lo ordenó, ahora un ángel te rescata de la cárcel y te lo vuelve a repetir: ve, anuncia.

A la mañana siguiente, el sumo sacerdote y el concilio se reúnen y mandan a traerlos de la cárcel; no tienen ni idea de que los discípulos a esa misma hora están en el templo, enseñando al pueblo.

¿Te das cuenta que nada los detiene? Ni las amenazas, ni la cárcel. Me encanta pensar que mientras ellos obedecen lo que Jesús les pidió, Dios está a su favor, abriendo las puertas para que ellos sigan cumpliendo con su llamado. De hecho, Jesús prometió estar con ellos todos los días, mientras lo hacían, incluso hasta el fin del mundo.

Y los vuelven a traer; lo primero que les preguntan es: "¿No les mandamos estrictamente que no enseñaran en ese nombre?".

Ellos estaban haciendo aquello que se propusieron hacer cuando la Iglesia surgió; desde ese día en que se convirtieron tres mil personas estaban perseverando. Estaban agarrados firmemente de esta decisión. Es por eso que con toda convicción pueden contestar: "Es necesario obedecer a Dios antes que a los hombres".

Ya la pregunta no es ¿qué los puede detener? Más bien la pregunta es: si quieres detenerlos, ¿cómo puedes lograrlo? ¿Cómo hacer que se callen, que dejen de enseñar?

Un doctor de la ley, llamado Gamaliel, se puso de pie y, después de haber sacado a los discípulos de allí, les planteó una realidad: si lo que estos hombres anuncian es de hombres, solo se va a ir disolviendo, pero si es de Dios, será imposible detenerlos. Al contrario, quizás te encuentres luchando con Dios.

Sin duda era muy sabio lo que estaba planteando Gamaliel, pero la respuesta de ellos, aun cuando estuvieron de acuerdo con la recomendación, fue azotarlos y volverlos a amenazar. Ahora ya no fueron solo palabras, intimidación verbal, no, ahora fueron golpes. Estaban sufriendo azotes por esto.

Es ahí donde encontramos la frase del principio: ellos no se detuvieron, siguieron enseñando y predicando, lo hacían todos los días, en el templo y en las casas; cualquier lugar era un buen lugar para enseñar acerca de Jesús.

PALABRAS DE VIDA

Cuando la multitud seguía a Jesús en el Evangelio de Juan capítulo 6, Jesús conociendo sus corazones sabe qué era lo que buscaban, ellos querían pan, tan solo pan. Jesús les dijo: "Yo soy el pan de vida". Esto generó un discurso donde Jesús manifestó la necesidad que tiene todo ser humano de una relación íntima con él, para entonces tener vida. Sin una relación así, uno no tiene realmente vida.

Muchos al escuchar esto dejaron de seguir a Jesús; al verlos partir, mirando a sus discípulos, les preguntó: "¿También ustedes quieren irse?"

Pedro contestó: "Señor, ¿a quién iríamos? Tú tienes palabras de vida eterna".

Pablo era este hombre que, siendo perseguidor de la Iglesia, tuvo un encuentro con Jesús que lo transformó. Él tenía claro a qué había sido llamado. Al escribirle a los Colosenses les dice que él fue hecho ministro de la iglesia con una tarea divina: anunciar cumplidamente la

Palabra de Dios. Es por eso que su labor era enseñar a todo hombre, con el objetivo de presentarlo perfecto en Cristo Jesús (Col 1:25-28)

Y eso se observaba en cada lugar donde iba.

En Antioquía.

*"Después Bernabé fue a Tarso a buscar a Saulo, y lo llevó a Antioquía, donde permanecieron juntos un año entero con la iglesia, **dedicados a enseñar** a mucha gente. Fue en Antioquía donde por primera vez llamaron cristianos a los discípulos".* (Hechos 11:25-26)

*"Pablo y Bernabé se quedaron en Antioquía y junto con otros muchos predicaban y **enseñaban la palabra del Señor".*** (Hechos 15:35)

Ambas escenas suceden en Antioquía, pero están separadas por

> ## PABLO ES UN GRAN EJEMPLO DE SABER PERSEVERAR. TENÍA CLARO EL LLAMADO QUE DIOS LE HIZO A ENSEÑAR

años unas de otras. En esos años, Pablo hizo su primer viaje misionero llegando a diferentes ciudades; de una de ellas tuvo que salir huyendo porque lo iban a apedrear, en la siguiente ciudad no pudo escapar, fue apedreado y fue arrastrado afuera de la ciudad porque pensaron que estaba muerto. Estuvo en un concilio en Jerusalén para después regresar a Antioquía y seguir enseñando la Palabra del Señor.

En Corinto.

*"Pablo, pues, se quedó allí otro año y medio **enseñando la palabra de Dios".*** (Hechos 18:11)

Después de tener poco éxito predicando en el Areópago de Atenas, llegó a Corinto decidido a predicar a Cristo, y a este crucificado. Se quedó ahí un año y medio. Me pregunto: ¿enseñó toda la Torah? ¿Cuántos libros proféticos enseñó?

Un año y medio es bastante tiempo.

En Roma.

*"Pablo se quedó dos años completos en la casa que había alquilado, y allí recibía a todos los que iban a verlo. Sin temor alguno y sin que nadie se lo impidiera, anunciaba el reino de Dios y **enseñaba** acerca del Señor Jesucristo".* (Hechos 28:30-31)

En el último capítulo del libro de los Hechos, estando en arresto domiciliario, seguía enseñando y lo hizo por un espacio de dos años. Solo para recordarlo, Pablo no viajó en avión privado a esta ciudad, sufrió muchas aflicciones para llegar allí, incluso el barco en el que viajaba naufragó, pero Dios le había asegurado que llegaría a Roma; ahora ahí, enseña la Palabra.

Creo que, así como en Pedro vemos esa perseverancia en medio de amenazas de enseñar la Palabra, en Pablo también la vemos.

*"Y cuando Silas y Timoteo vinieron de Macedonia, Pablo estaba **entregado por entero a la predicación de la palabra**, testificando a los judíos que Jesús era el Cristo".* (Hechos 18:5 RV60)

Silas y Timoteo lo encontraron en Corinto, y la manera en que se describe la labor de Pablo es muy elocuente. Pablo estaba entregado por entero. Completamente. Tenía un gran deseo de llevar a otros al conocimiento de Cristo, a la salvación, a la vida eterna. Sabía que la Palabra era necesaria y poderosa para hacerlo nacer de nuevo. Qué maravilla.

Pablo es un gran ejemplo de saber perseverar. Tenía claro el llamado que Dios le hizo a enseñar, y nada ni nadie iban a impedir que lo hiciera en cada lugar a donde llegaba.

Si estás perseverando en el llamado que Dios te hizo a enseñar su Palabra, espero que te sientas inspirado a continuar haciéndolo. Si aún no lo estás haciendo y has estado quizás enseñando, pero te has dado cuenta de que necesitas hacerlo ahora como Esdras o Pablo lo hacían, pídele al Señor en oración que te llene de su Espíritu y comienza a hacerlo.

Si es necesario, busca un curso para aprender cómo estudiar la Palabra, júntate con otros que tienen este mismo anhelo y estudien juntos.

Tómate el tiempo también para estudiar cómo enseñar la Palabra. Prepárate.

Pero primordialmente, prepara tu corazón, comienza con una relación firme con Cristo, ponte a cuenta con Dios si es necesario, deja que Él té confronte y te restaure cada mañana frente a su Palabra y con el poder de su Espíritu.

PREDICA LA PALABRA

Pablo no solo estaba enfocado en la enseñanza sino que al escribirle a Timoteo, podemos escuchar la urgencia que tenía de comunicarle la necesidad de que prosiguiera con esa labor. Quisiera que mientras lees esto, te pongas en las sandalias de Timoteo y escuches esta exhortación como si estuviera dirigida a ti personalmente. Escucha:

"Por lo tanto, te doy este encargo solemne ante Dios y ante Jesucristo, que juzgará a los vivos y a los muertos cuando venga en su reino: Con urgencia predica la palabra de Dios; hazlo sea o no sea oportuno; corrige, reprende y anima con mucha paciencia, sin dejar de enseñar. Llegará el momento en que la gente no querrá escuchar la sana enseñanza, sino que, guiada por sus propios deseos, se rodeará de maestros que le digan lo que desea oír. Estas personas, en vez de escuchar la verdad, se volverán a los mitos. Por eso, tú mantente vigilante en todas las circunstancias, no temas sufrir, dedícate a la evangelización, cumple con los deberes de tu ministerio". (2 Timoteo 4:1-5)

Hay urgencia, porque hay una proliferación de maestros hablando, publicando, escribiendo en redes sociales, que no enseñan la verdad y se conectan con personas que, guiadas por sus deseos, se amontonan a escucharlos. Y lo que escuchan es lo que siempre han deseado oír, aquello que calma su ansiedad por querer lo que sus apetitos carnales les exige y nunca logran saciar. Hombres que hablan de éxito, de sueños, de prosperidad, de esfuerzo humano, hablan y hablan.

Eso está sucediendo hoy, en nuestros días.

Por eso Pablo anima a Timoteo, nos exhorta a ti y a mí, ¿a qué? A predicar la Palabra de Dios; a hacerlo cuando sea o no sea oportuno, a corregir si es necesario, a reprender y animar con mucha paciencia, y a hacerlo sin dejar de enseñar.

Este es un llamado urgente, esto es lo que se nos pide, esto es lo que Pablo le pide a Timoteo, pero toma en cuenta que Pablo comienza sus palabras poniendo a Timoteo frente a Dios, frente a Jesús.

Le dice: "Te doy este encargo". Pero te lo doy en presencia de Aquel que juzgará a vivos y muertos en su venida.

Predica la Palabra.

TODO EL CONSEJO DE DIOS

Termino con la despedida de Pablo de la iglesia de Éfeso, en Mileto. Pablo comienza a despedirse de los ancianos de la iglesia diciéndoles que está viajando a Jerusalén, pero sabe que no será un viaje placentero, ya que ha escuchado a hermanos que de parte del Espíritu Santo le dicen que sufrirá prisiones y tribulaciones.

¡Qué manera de comenzar a despedirse!

De hecho, se atreve a decirles que no los volverá a ver; este hombre está lleno de gozo porque sabe que seguirá predicando el evangelio aunque le cueste la vida.

"Por tanto, yo os protesto en el día de hoy, que estoy limpio de la sangre de todos; porque no he rehuido anunciaros todo el consejo de Dios. Por tanto, mirad por vosotros, y por todo el rebaño en que el Espíritu Santo os ha puesto por obispos, para apacentar la iglesia del Señor, la cual él ganó por su propia sangre". (Hechos 20:26-28 RVR60)

Pablo tenía la libertad de decirles: Si alguno de ustedes perece, sin recibir la salvación por fe, no es mi culpa. Yo he hecho mi labor, yo les enseñé todo el consejo de Dios. Yo ya me voy.

Ahora les toca a ustedes. Tienen que cuidar del rebaño, las ovejas del Señor, porque Él las adquirió con su sangre.

EL PASTOR QUE NO ENSEÑA TODA LA PALABRA DE DIOS ESTÁ DEJANDO DESPROTEGIDO AL REBAÑO

Por tres años Pablo había cuidado de ese rebaño.

"Porque yo sé que después de mi partida entrarán en medio de vosotros lobos rapaces, que no perdonarán al rebaño. Y de vosotros mismos se levantarán hombres que hablen cosas perversas para arrastrar tras sí a los discípulos". (Hechos 20:29-30 RVR60)

Pero sabe que hay un riesgo inminente, hay una enfermedad que está a punto de brotar entre ellos y el virus ya está ahí. Hombres que arden por enseñar, pero enseñar cosas perversas que arrastran a los discípulos; los quieren hacer discípulos propios. Esos hombres no están llevando a cabo la gran comisión, no. Ellos no hacen discípulos de Jesús, hacen discípulos propios, que sigan sus perversiones.

¿Qué pueden hacer?

Todo este tiempo fue Pablo quien tuvo cuidado de ese rebaño, ¿Cuál fue su mejor arma para cuidarlas? La Palabra, la Palabra completa. Lo que él llama: "Todo el consejo de Dios".

Creo que el pastor que no enseña toda la Palabra de Dios está dejando desprotegido al rebaño, no está cuidando de aquello que se le encargó, no está apacentando a aquellos que no le pertenecen; esas ovejas que son propiedad del Buen Pastor.

Enseña su Palabra; a algunos hermanos y hermanas solo los ves los domingos, y solo hay 52 domingos en un año. Aprovecha cada uno de ellos, predica la Palabra. Hasta que puedas decir como Pablo: "No he rehuido anunciarles todo el consejo de Dios".

BIBLIOGRAFÍA

- Begg Alistair. *Preaching for God's Glory.* Crossway, 2010

- Bounds, E.M. *El predicador y la oración.* Clie, 2008

- Ironside, Harry A. *Notes on the Books of Ezra, Nehemiah and Esther.* Createspace Independent Pub., 2014

- Lloyd-Jones, Martyn. *La predicación y los predicadores.* Editorial Peregrino, 2010

- Spurgeon, Charles. *Discurso a mis estudiantes.* Editorial Mundo Hispano, 1989

- Wiersbe Warren. *Be determined.* David C. Cook, 1992

- Wiersbe, Warren. *Be heroic.* David C. Cook, 1997

NOTAS

ALGUNAS PREGUNTAS QUE DEBES RESPONDER:

¿QUIÉN ESTÁ DETRÁS DE ESTE LIBRO?

Especialidades 625 es un equipo de pastores y siervos de distintos países, distintas denominaciones, distintos tamaños y estilos de iglesia que amamos a Cristo y a las nuevas generaciones.

e625.com

¿DE QUÉ SE TRATA E625.COM?

Nuestra pasión es ayudar a las familias y a las iglesias en Iberoamérica a encontrar buenos materiales y recursos para el discipulado de las nuevas generaciones y por eso nuestra página web sirve a padres, pastores, maestros y líderes en general los 365 días del año a través de **www.e625.com** con recursos gratis.

zona de contenido
PREMIUM

¿QUÉ ES EL SERVICIO PREMIUM?

Además de reflexiones y materiales cortos gratis, tenemos un servicio de lecciones, series, investigaciones, libros online y recursos audiovisuales para facilitar tu tarea. Tu iglesia puede acceder con una suscripción mensual a este servicio por congregación que les permite a todos los líderes de una iglesia local, descargar materiales para compartir en equipo y hacer las copias necesarias que encuentren pertinentes para las distintas actividades de la congregación o sus familias.

¿PUEDO EQUIPARME CON USTEDES?

Sería un privilegio ayudarte y con ese objetivo existen nuestros eventos y nuestras posibilidades de educación formal. Visita **www.e625.com/Eventos** para enterarte de nuestros seminarios y convocatorias e ingresa a **www.institutoE625.com** para conocer los cursos online que ofrece el Instituto E 6.25

¿QUIERES ACTUALIZACIÓN CONTINUA?

Regístrate ya mismo a los updates de **e625.com** según sea tu arena de trabajo: Niños- Preadolescentes- Adolescentes- Jóvenes.

¡APRENDAMOS JUNTOS!

CAPACITACIÓN MINISTERIAL ONLINE DE PRIMER NIVEL

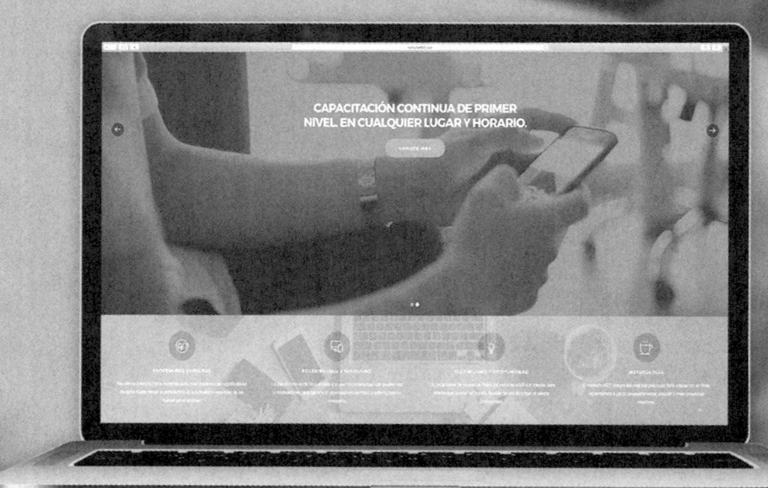

CONOCE TU CAMPUS ONLINE

www.institutoE625.com

¡**Suscribe** a tu iglesia **para descargar** los mejores recursos para el **discipulado** de **nuevas generaciones**!

zona de contenido
PREMIUM
SUSCRIPCIÓN POR IGLESIAS

Libros, Revista, Audios, Lecciones, Videos, Investigaciones y más

e625.com/premium

e625
te ayuda todo el año

www.e625.com te ofrece
recursos gratis